Knaur

Thea und Torsten Conrad

Wer putzt, ist selber schuld

Überleben im Kampf mit dem Haushalt

Knaur

Besuchen Sie uns im Internet:
www.knaur.de

Vollständige Taschenbuchausgabe 2002
Droemersche Verlagsanstalt Th. Knaur Nachf., München
Dieser Titel erschien bereits unter der Bandnummer 73060

Umschlaggestaltung: ZERO Werbeagentur, München
Umschlagabbildung: Ernst Voller
Satz: Setzerei Vornehm GmbH, München
Druck und Bindung: Nørhaven Paperback A/S
Printed in Denmark
ISBN 3-426-62172-X

2 4 5 3 1

Inhalt

1 Schmutz und Faulheit in Reinkultur

Herr Schwarz wäscht jeden Tag, der Frische wegen. Die Nachbarin Frau Weiß wäscht noch weißer. Wenn Herr Braun von der Arbeit kommt, kontrolliert er, ob seine Frau auf der Bettkante Staub gewischt hat. Frau Neumann erzieht ihren Mann zum General, damit der Boden glänzt. Wenn bei Müllers das Essen nicht pünktlich auf dem Tisch steht, verdrischt er sie. Frau Zwinger kämpft gegen Schmutzränder an der Badewanne. Frau Liebig fällt beim Blankreiben der Fenster zum viertenmal vom Sims und bricht sich ein Bein. Um das Unkraut zu jäten, liegt Ehepaar Brinkmann unter Büschen platt auf dem Bauch.

Statt auf der faulen Haut zu liegen, sich einen faulen Lenz zu machen und das Leben zu genießen, wird gewaschen, geweißelt und gewienert, geputzt und poliert, Staub gesaugt und Laub gesaugt, Sand gestrahlt und Heißluft geblasen. Wenn es um die Hausarbeit geht, sind wir Deutschen fürwahr ein sauberes Völkchen. Und selber schuld. Unter dem Slogan *Hausfrauen und Hausmänner, reinigt euch* werden Böden geschrubbt und Becken gescheuert, Betten gelüftet und Unterhosen gebügelt. Da wird gekocht und gebacken, bis sich der Abwasch türmt. Hurra. Und wieder heißt es dabei und danach: waschen, wischen, weißeln. Da wird – wenn auch stöhnend – der Schmutz aus der kleinsten Ritze gepult, daß es eine wahre Lust ist. Hausarbeit heißt Lust und Frust mit Sauberkeit.

Wer nun der Kochkunst sich widmen soll, der werde frühzeitig an Ordnung, Reinlichkeit und Pünktlichkeit gewöhnt. Man verbiete ihm, Romane zu lesen.

(Joseph König/Karl Friedrich von Rumohr:
Geist der Kochkunst)

Hausarbeit ist Drecksarbeit.

Davon kann jede Hausfrau, jeder Hausmann das Putzlied singen. Singles und Jointlys, Lohnarbeiter und Selbständige kommen ausgepowert und gestreßt vom Arbeitskampf nach Hause. Und was dann? Kampf und Krampf gehen weiter. Sie räumen auf. Sie schwingen stundenlang den Kochlöffel. Sie kämpfen tagtäglich gegen Staub und Schmutz.

Wir leben in einer Reinkultur. Ordnung und Sauberkeit, Reinheit und Reinlichkeit werden bei uns ganz groß geschrieben. Reinheit ist wichtig. Ohne Reinheit läuft rein gar nichts. Schmutz in Reinkultur ist undenkbar.

Das liegt am Schmutz. Schmutz entsteht durch körperliche Ausscheidungen von Menschen, von Tieren. Urin und Schweiß wie Kot und Kotze sind anrüchig. Schmutz entsteht durch Vermischungen. Linsen in der Asche, das sagt schon das Märchen, müssen herausgelesen werden. Also bloß kein gepanschter Wein oder Marmelade an der Butter! Vermischtes ist verdächtig.

Und es gibt eine Tätigkeit, in der die Frau als das Lebewesen, das mit den vermischten Substanzen zu tun hat, erscheinen kann, den Haushalt. Beim Kochen verwandelt sie Festes in Flüssiges, beim Wäschewaschen, Geschirrspülen, beim Versorgen der Babys hantiert sie mit und in Sümpfen und Breien. Sie wischt die Scheiße vom Hintern der Kleinen, streift die nassen Hosen vom Leib. Sie reinigt den verstopften Ausguß vom schwarzen Schlamm und die Toilette. Sie kocht die Säfte aus den Früchten, beseitigt den Sud; sie wischt die Fußböden und hat die Hände in der Jauche usw. usw.

(Klaus Theweleit: Männerphantasien)

Schmutz entsteht auch durch Zerfall. Das zeigen uns Krümel von Brot oder Schimmel auf dem Apfel. Alles zerfällt zu Staub. Nicht zuletzt der Mensch – wie rein er sich gehalten und wie sauber er geputzt hat.
Staub, Schmutz und Dreck sind also Tatsachen des Lebens, um die wir nicht herumkommen, mit denen wir leben müssen. Den größten Teil davon produzieren wir selbst. Ja, wir sind selber schuld.
Staub wird aufgewirbelt und legt sich auf alles, auf Schränke und Bänke, auf Teppiche und Tapeten, auf Bilder und Böden. Es gibt schmutzige Teller, Toiletten und Badewannen. Es gibt dreckige Wäsche und schmutzige Witze. Letztere – stellt Thea empört fest – werden an Stammtischen von sauberen Männern, die es gern reinlich haben und sich ins gemachte Bett legen, über diejenigen erzählt, die ihre schmutzigen Teller sauber und die ihre Betten machen. Der schmutzige Witz macht klar, daß es bei

Schmutz nicht nur um Schmutz geht, sondern um mehr: um Schmutz, um Körpergefühle, um Sexualität und Lust und um unsere Einstellung dazu.
Das liegt nun wiederum an der Reinkultur.
Das Reklamekleinkind auf dem Klo, da sitzt es und drückt. Ein Plumps. Während es erleichtert davonläuft, kommt Mutti schon mit dem großen Domestos-Spray und sprüht den Rand des Klotopfs aus. Hygienisch rein – der Mensch ist kein Schwein!

Ein sauberer Babypo macht höchstens Penaten froh!

Unsere Reinkultur fordert eine saubere Gesinnung. Also kein Lustempfinden, wenn wir pinkeln. Obwohl Urin ein ganz besonderer Saft sein soll, mit dem wir gurgeln oder uns die Haare spülen könnten, heißt es: Der Pipistrahl am Wadenbein, igitt!
Also kein Lustempfinden, wenn wir gelben Brei aus Babywindeln spülen. Wenn das Kind sein Aa an die Wände schmiert, haben wir kein Aha-Erlebnis. Bloß nicht anfassen, ekelhaft! Und pfui, bloß nicht darüber sprechen, wenn wir uns nach der Darmentleerung wohlig erleichtert fühlen! Oder durchs Kotzen nach zu viel Alkohol und Essen!

> *Don Rigoberto lächelte zufrieden. »Scheißen, koten, entleeren – Synonyme für genießen?« dachte er. Ja, warum nicht. Wenn man es nur langsam und konzentriert tat, die Verrichtung auskostete, ohne die geringste Hast, mit Weile, und den Darm in sanfte, fortwährende Schwingungen versetzte.*
>
> (Vargas Llosa: Lob der Schwiegermutter)

Damit sind wir dem Wesen von Schmutz und Dreck schon viel näher gekommen: Schmutz ist eine Randerscheinung. Setzt sich auf der Oberfläche fest. Deutet auf Grenzziehung und Konturen.

Fragen wir: Was ist denn eigentlich Schmutz?

Dann heißt die Antwort: Das ist eine Frage der Definition. Das ist eine Frage der Definitionsmacht. Und eine Frage der Einstellung.

Wird Schmutz reinkultiviert definiert, kommt das dabei heraus: Schmutzig ist nicht putzig!

Reinkultur hat uns alle Lust und Erleichterung durch Schmutz ausgetrieben. Übriggeblieben ist in Reinkultur zwanghafte Abwehr von Schmutz und Lust. Kalt Duschen säubert den Körper und treibt lüsterne Gedanken aus. Richtig, Torsten erinnert sich an den alten Pfadfinderspruch: *Clean body – clean soul!* Dem hält Thea den Werbespruch entgegen: *Menstruation, die sauber und diskret ablaufen soll.* Reinkultur hat Schmutz mit geschlechtlicher Vermischung und damit mit Moral verknüpft. Ein reines Herz und eine reine Seele in einem reinen Körper, darauf kommt es an.

Reinheit, Reinheit über alles!

Schmutzig oder nicht schmutzig ist die Hamletsche Sinn- und Seinsfrage. Und Hamlet war ein Mann. In Reinkultur haben Männer die Definitionsmacht, muß auch Torsten etwas verlegen zugeben. Was weiß und rein ist und bleiben sollte, bestimmen sie.

Der durchschnittliche bürgerliche Mann des Wilhelminismus hätte sich eher erschießen lassen, als diese Substanzen in einem Kontext zu berühren, der irgendwie an »Frauenarbeit« erinnert hätte. Eine der zentralen Schikanen beim Militär bestand gerade darin, Männer zur Erledigung solcher Weibergeschäfte zu verdonnern (und da mußten sie es tun). Auch hier also erscheint das Fließfähige, Vermischte unter den Aspekten von Schmutz und Strafe und Weibertum, oder noch schlimmer: Unmännlichkeit.

(Klaus Theweleit: Männerphantasien)

Weiß und rein ist fein! Ob reine Wäsche, weiße Zähne, weiße Frauen und reine Mütter, reine Jungfrauen, weiße Bräute oder Madonna rein und klar – alle sind rein, durch und durch porentief rein. Durch Klarspüler und Megaperlen. Durch Meister Proper und den General, durch den Weißen Riesen, Doktor Beckmann und die Außerirdischen. Durch die Reinheit im Ökosäckchen, in der Frischekapsel oder in der Magnetkugel. Nicht zuletzt durch Männerphantasien, sagt Thea.

Im Haushalt fällt eine Menge Schmutz an. Heute sauber sortiert. Und der muß weg. Weil wir in einer Reinkultur leben. Ja, ein Großteil der Hausarbeit ist: Schmutzbeseitigung.

Früher war das allein Frauensache. Heute sind alle betroffen: Frauen wie Männer. Familien, Jointlys, Singles. Die schmutzige Seite des Single-Daseins! Konnten Männer das Putzen früher getrost Frauen überlassen, so heißt es heute: Mach deinen Dreck alleine weg. Dafür gibt es Gründe, reinkulturelle und statistische: Jährlich werden

zirka 130 000 Ehen geschieden. Im Jahr 2000 lebten 32 Prozent der Bevölkerung als Single.
Ein Großteil der Hausarbeit ist auch: Fleißarbeit. Da Sauberkeit eine Frage der Moral ist, wird mit Fleiß geputzt, geschrubbt, gescheuert. Vergessen ist, was bei Matthäus 6,28 in der Bibel steht: *Sehet die Lilien auf dem Felde, wie sie wachsen, sie arbeiten nicht*. Statt dessen werden Fleißkärtchen durch Ehemänner, Schwiegermütter und Nachbarn verteilt. Doch wer will die schon? Faule wie wir, Thea und Torsten, die nicht schuld sein wollen, die das Faulsein seit Jahren kultivieren und zu höchster Blüte gebracht haben, die sich das Romanelesen nicht verbieten lassen, die in der Hängematte liegen und leben, und solche, die – nicht faul – faul werden wollen, haben es in der Reinkultur schwer. Trotz aller großen Geister und Vorbilder!

> *O Müßiggang, Müßiggang! du bist die Lebenslust der Unschuld und der Begeisterung ... einziges Fragment von Gottähnlichkeit, das uns noch aus dem Paradiese blieb.*
>
> (Friedrich Schlegel)

Ob Großreinemachen, Hausputz oder große Wäsche – wenn es um Reinheit geht, werden wir an Psyche und sauberer Weste gepackt. Rein ist mehr als sauber. Reinheit ist Sauberkeit durch und durch. Porentief. Geht Hand in Hand mit sauberen gewinnbringenden Werbestrategien und sauberen Ideologien.
Das fängt schon früh an. Kaum auf der Welt, gerät das Baby in die »Trockenlegungsmühle«, die die Lust am Schmutz austreibt und die Unlust installiert, wie Klaus Theweleit das

nennt. Vom ersten Tag an wird Sauberkeit ganz groß und auf den Babypo geschrieben. Wird der Schmutzfilm auf der Babyhaut zur Abhärtung und »gleichsam als Nahrung für die Seele« abgerieben, so im Babybuch von Milupa.

Sauber macht nicht lustig.

Sich richtig einsauen – welche Nahrung für die Kinderseele, wie wir alle aus eigener Erfahrung wissen. Kinder lieben Dreck aus gutem Grund, und aus demselben guten Grund wollen sie den Kampf gegen Fleckenzwerge gar nicht gewinnen. Und es spricht ja auch einiges dafür, aber statt dessen heißt es: Mach dich nicht schmutzig! Das Kleid. Die Hose. Die Schuhe. Sich richtig einsauen hat allenfalls therapeutischen Wert in der Kinderpsychiatrie, wenn die Schlammschlacht ohnehin schon halb verloren ist. Oder beim Erwachsenen in der Schlammpackung, die in weißem Bademantel verordnet wird und in klinisch sauberer Umgebung, die vor Hygiene und Sterilität strotzt.
Sauberer geht es nicht mehr: ein Übermaß an Reinlichkeit, das – nicht nur im Krankenhaus – krank machen kann. Was mit dem Trockenlegen anfängt, entwickelt sich zum Sauberkeitswahn und Putzdrang. Endet damit, daß wir uns gegen Schmutz und Gefühle panzern. Panzer statt Haut im Hirn tragen. Mit unserer Zeit nicht haushalten. Sondern eine Menge Zeit im Haushalt mit Hausarbeit, mit Scheuern und Schuften vertun, statt uns dem kreativen Müßiggang hinzugeben. Fazit: Hausarbeit ist Zwangsarbeit.
Deshalb machen wir reinen Tisch, auch damit. Denn:

Reinlichkeit ist schlecht, nicht Freiheit.

Wir fragen: Ist Reinheit eine Männerphantasie, für die Frauen putzen müssen? Oder ist Reinheit eine Werbestrategie, für die Männer wie Frauen sich beim Putzen beschmutzen? Oder ist Reinheit einfach eine Gemeinheit?
Wir stellen nicht nur diese Fragen. Wir beantworten sie.

Hausarbeit ist Zwangsarbeit – durch uns wird sie vom Zwang befreit.

Als Team in Sachen *faul bei der Hausarbeit* sind wir unschlagbar, ob als Single oder Jointly, als Hausfrau oder Hausmann. Hausmanns Dilemma, Kinder oder Karriere, ist für uns keins. So oder so – wir machen uns mit jeglicher Hausarbeit die Hände so wenig wie möglich schmutzig. Möchten Sie, liebe Leserin, gern vom Putzteufel zu seiner fauleren Hälfte statt zu seiner besseren mutieren? Sie, lieber Leser, vom Haushaltsmuffel zum Haushaltsfaultier? Möchten Sie einfach faul sein? Sich statt der Hausarbeit dem häuslichen Müßiggang hingeben? Keine Angst, mit uns schaffen Sie das. Sie haben es mit einer Expertin und einem Experten zu tun.
Wir geben eine Masse Tips, wie Sie Hausarbeit sparen. Jede Menge Tips, wie Sie Hausarbeit aufs Minimum reduzieren. Knallharte Tips, wie Sie Hausarbeit weiter minimieren. Faule Tips, wie Sie um Hausarbeit ganz herumkommen.
Damit nicht genug. Unser Buch enthält eine Masse Psycho-Tips, wie Sie sich gegen saubere Werbestrategien wappnen. Jede Menge Tips, wie Sie Ihre lasche Einstellung zu Staub und Schmutz festigen. Heiße Tips, wie Sie gegen

saubere Sprüche und Ansprüche immun werden. Knallharte Tips, wie Sie saubere Ideologien herunterputzen.
Zum Zweck der edlen Selbsterkenntnis bieten wir Ihnen den großen Psycho-Test: »Welcher Hausarbeitstyp sind Sie?« Um nicht rückfällig zu werden, das große Immunisierungsprogramm: »Putzmunter statt munter putzen.« Und, nicht zu vergessen: Vorschläge für den faulen Weg zum Glücklichsein: »Flausen im Kopf mit Flusen auf dem Teppich.« Vor allem auch jede Menge dumme Sprüche, mit denen Sie ins Reine kommen und nach denen Ihnen niemand mehr fleißig kommt.
Gegen Sauberkeitsfimmel und Reinheitswahn, gegen Waschzwang und Putzdrang setzen wir für Singles und Jointlys, für Frauen wie Männer, für Paare und Ehepaare, für Putzhilfen und Putzkolonnen:

Hausarbeit für Faule.

2 Staubstrategisch günstig: wohnen und hausarbeiten

Was an Hausarbeit anfällt, brocken wir uns selber ein. Allein durch die Tatsache, daß wir leben. Wir tragen den Schlamm an den Schuhen ins Haus oder Wäsche, die schmutzig wird, am Leib. Wir kochen und essen, sehen fern und kommen uns nah. Wir waschen uns und putzen die Zähne und beschmutzen dabei das Waschbecken. Kurz, wir leben und lieben. Wir arbeiten und faulenzen. Und wir produzieren Schmutz und – glauben wir den neuesten Werbestrategen – auch Gerüche. Was wir auch tun, ist in der Regel ohne vorherige Hausarbeit nicht möglich und zieht regelmäßig Hausarbeit nach sich. Selbst beim Saubermachen machen wir Lappen und Schwämme schmutzig, verdrecken das Wasser und bleiben wie Hamster im Hausarbeitslaufrad gefangen.

Die Menge der anfallenden Hausarbeit ist nicht nur eine Frage dessen, daß wir leben. Sondern auch dessen, wo und wie wir leben. Aller Mengenlehre zum Trotz wird eine Menge Hausarbeit leichter und schneller zur Unmenge als zur Teilmenge.

Warum nehmen wir das hin? Warum bewegen wir unermüdlich das Reinlichkeitsrad? Fallen wir auf die faulen Reinheitsstrategien und -ideologien herein? Warum geht uns hier der Sinn für Zweckmäßigkeit, Ökonomie und Rationalisierung ab, der doch sonst unser Arbeits- und

Wirtschaftsleben bestimmt? Warum schaffen wir es nicht, aus mehr Hausarbeit weniger zu machen?
Ein erstaunliches Phänomen. Um so erstaunlicher, als wir durchaus ein Gespür dafür entwickeln könnten, wie man mit Hausarbeit haushälterischer umgeht. Einen Blick dafür bekommen könnten, wie man Hausarbeit auf ein Minimum reduziert. Oder ganz darum herumkommt.
Doch wir sind blind für die großen Zusammenhänge des Lebens, die uns das Großreinemachen und die große Wäsche bescheren. Oder die täglichen Koch- oder Aufräumorgien. Sonst durchaus darauf aus, das Angenehme mit dem Nützlichen zu verbinden, scheinen wir in Sachen Hausarbeit wie vernagelt. Wir denken an unsere Bequemlichkeit, wenn wir auf Wohnungssuche gehen, überlegen, ob der Arbeitsplatz leicht zu erreichen ist, ob die Wohnung einen Fahrstuhl hat, wir achten auf einen Balkon, nicht aber darauf, ob die Wohnung uns die Hausarbeit erleichtert. Wenn wir Sessel oder Schränke kaufen, probieren wir aus, ob wir bequem sitzen, überlegen, ob uns das Design gefällt und ob wir alle Sachen bequem verstauen können. Wir fragen uns aber nicht, ob Sessel und Schrank pflegeleicht sind. Oder ob wir den Kauf nicht lieber lassen, weil wir sonst wieder mehr reinigen und räumen müssen.
Grund genug, mit falschen Vorstellungen aufzuräumen. Dem hausarbeitsparenden Aspekt in unseren Überlegungen mehr Platz einzuräumen.
Das muß schon bei der Wohnungssuche, beim Umfeld anfangen. Der Stadtteil, die Straße, kurz die Lage spielt keine geringe Rolle. Die Gegend kann putzträchtiger oder weniger putzig sein. Industrienah oder cityzentral sind vielleicht günstig, weil Sie Ihren Arbeitsplatz schnell errei-

chen. Vom staubstrategischen Standpunkt aus betrachtet sind sie eher ungünstig, der Abgase und Schwaden wegen, die Sie nicht nur auf Ihrem Fensterbrett wiederfinden und beseitigen müssen. Was das betrifft, sind ländliche Gegenden vielleicht vorzuziehen. Allerdings müssen Sie damit rechnen, daß Sie dort mehr Schlamm und Dreck unter den Sohlen und in die Wohnung tragen. Wir empfehlen als Umfeld eine gute Mittellage, nicht nur für Weine, sondern auch für Haus oder Wohnung.

Damit Sie vor Hausarbeit nicht umfallen, wollen wir Sie vor allzu putzfreudigen Siedlungen eindringlich warnen. Da sind nicht nur die Fensterscheiben blank und die Gardinen megaperlweiß. Sondern auch Vorgärten ordentlich plattiert und Blumenrabatten symmetriert. Rasenkanten akkurat mit der Nagelschere nachgeschnitten. Da schießen in der Vorweihnachtszeit die Adventskränze an den Haustüren wie Pilze aus dem Holz. Zu Ostern wachsen Eier auf Bäumen. Ansteckendes Dekorationsfieber. Da wird gewetteifert in Blumenpracht und Autowaschen. Da drückt sich die einheitlich so reine wie spießige Gesinnung in Rasen ohne Unkraut und mit Gartenzwergen aus. In einer solchen sauberen Siedlung überleben Sie nur nach eingehendem Immunisierungstraining, wie wir es in Kapitel 13 empfehlen. Danach drehen Sie den Spieß nämlich einfach um.

Ein heißer Städtetip von Thea: Ziehen Sie nach Köln! Die Stadt hat 963 817 Einwohner. Und das hat seine Gründe.

> *Wie war zu Köln es doch vordem mit Heinzelmännchen so bequem!*
>
> (August Kopisch: Die Heinzelmännchen)

Von allen Hausarbeiten ist Putzen die ungeliebteste, die meistgehaßte. Die, die am wenigstens antörnt. Damit das Putzen nicht zur Tortur wird, ziehen Sie wenigstens in den ersten Stock. Wollen Sie hoch hinaus? Prima, das ist der richtige Drang, um Hausarbeit zu sparen. Wer Treppen hochsteigt, läßt den Dreck auf den Stufen und trägt weniger in die Wohnung. Aber wer hoch wohnt, kann beim Fensterputzen tief fallen. Und läßt es besser, todesmutig auf dem Außensims zu turnen. Wer oben lebt, braucht Einblicke von unten nicht zu fürchten und deshalb keine Gardinen. Der setzt sich auch nicht dem Staub aus, der unten aufgewirbelt wird. Können wir zwischen kuscheligem Teppichboden oder glatten Fliesen wählen, fällt auch die Entscheidung für Wischen oder Saugen. Gibt es einen Müllschlucker? Kann das unter Umständen den Ausschlag geben.

In der Wohnung selbst wollen wir es gemütlich und bequem haben. Das ist eine Sache des Geschmacks. Und darüber läßt sich bekanntlich nicht streiten. Wohl aber darüber, wie wir unsere Vorstellungen von schöner Wohnen und weniger Hausarbeiten realisieren können. Nicht alles, was der Bequemlichkeit dient, ist bequem. Vielleicht lassen Sie sich aber überzeugen, daß unsere Maxime *Weniger ist mehr* für die Wohnungseinrichtung richtig ist. Je weniger Möbel aufgestellt werden, desto weniger Hausarbeit fällt an. Nicht vorhandene Möbel brauchen Sie nicht zu saugen oder zu polieren, zu reinigen und zu rücken. Da, wo nichts steht, steht beim Saugen nichts im Wege. Wo es kein Drüber gibt, müssen Sie drunter nicht wischen. Haben Sie es mehr mit der Esoterik, seien Sie einfach stinkfaul mit Feng-Shui. Die kosmische Lebensenergie

Ch'i im Blick, gestalten Sie den Innenraum so, daß ätherische Kräfte von möglichst wenigen Möbeln behindert zirkulieren können.
Nach dieser Devise sollten Sie auch bei Stoffen aller Art verfahren. Stoffe sind Staubfänger. Je weniger wir an Stoffen verwenden, desto mehr Hausarbeit können wir sparen. Also keine Gardinen, Vorhänge, Überwürfe, Kissen, Decken und Deckchen.
Das Minimum an Möbeln, ohne die Sie nicht auskommen, passen Sie der umgekehrten Maxime *Mehr ist weniger* an. Ihre Schränke stehen fußlos auf dem Fußboden und ersparen Ihnen so eine Menge Fusseln, die Sie sonst mühsam darunter wegsaugen müßten. Ihre Schränke enden auch nicht in halber oder dreiviertel Höhe. Sie erstrecken sich bis zur Decke, damit sich darauf gar nicht erst Staub sammeln kann. Und sie haben gut schließende und glatte Türen, damit der Staub weder drinnen noch auf den Schmuckleisten Platz findet.
Für Regale sind so eindeutige Regeln nicht zu finden. Bei offenen Regalen kämpfen wir gegen Staub, bei verglasten Regalen für Glasklarheit. So oder so – das ist Geschmackssache. Wir verstehen auch, daß Sie erinnerungsträchtig den Jadeelefanten aus Thailand, das Muschelkästchen von der Nordsee gern zeigen und sehen möchten. Oder pietätvoll die scheußliche Porzellanente präsentieren, die Tante Agnes Ihnen vererbt hat. Günstiger wäre es, aus dem Urlaub erst gar nichts mitzubringen. Und wenn Sie wieder einmal im Souvernirrausch zugeschlagen haben, müssen Sie zu Hause eben mit dem Hammer zuschlagen und sich haushaltskonsequent wieder davon trennen. Ob Mitbringsel oder Erbstück – alles faul wegwerfen bringt mehr Frei-

zeit als alles fleißig putzen. Immer noch besser pietätlos als ewiges Putzlos. Deshalb auch dieser tolle Tip von Torsten: Wenn schon offene Regalbretter, dann der Höhe der Gegenstände, der Kartons und Ordner, der Bücher und Büsten angepaßt. Wo kein Zwischenraum ist, ist auch kein Staub.

Trotzdem – wir sind an einem heiklen Punkt angelangt. Wir wollen ja nicht unbedingt der Wegwerfgesellschaft, dem Ex-und-Hopp das Wort reden. Wir machen vom Aufheben nur soviel Aufheben, weil sich durch all die Dinge, die wir sammeln und horten, eine Menge Hausarbeit ergibt. Sammelsurien müssen geordnet, aufgeräumt, abgestaubt, gesäubert und gelagert werden. Wo Erinnerung sich mit Sehnsucht paart, wird kaum an Hausarbeit gespart. Doch das ist falsch. Am besten kommen wir weg, wenn wir Wegwerfen zum Prinzip erheben. Oder gar nicht erst kaufen. Dabei wird mehr als Räumen und Putzen gespart.

Trotzdem kommen wir um manche Hausarbeit, wie Sie, liebe Leserin, lieber Leser, längst ahnen, nicht herum. Wenn Sie in Wohnung oder Haus arbeiten müssen, dann machen Sie es nicht allein. Damit es nicht langweilig wird. Damit kommunikativ und konstruktiv wird, was sonst öde und destruktiv wäre. Schon Schiller wußte, »wenn gute Reden sie begleiten, dann fließt die Arbeit munter fort«. Leichte Unterhaltung ist für Jointlys leicht. Sie unterhalten sich munter, mit dem Partner, der Freundin, der Ehefrau oder den Kindern. Als Single haben Sie es schwerer, vielleicht nicht immer jemanden greifbar, der Ihnen das langweilige Staubwischen oder Abwaschen im kurzweiligen Dialog versüßt. Natürlich können Sie zum Alleinunterhalter werden. Oder Selbstgespräche führen. Allerdings ist das nicht unser Ding. Wir empfehlen Radio, Fernsehen oder auch Bücher zum Anhören. Die Palette, die wir in Kapitel 7 vorstellen, ist groß. Warum nicht Abwasch oder Bettenmachen durch Brecht veropern: »Meine Herren, heute sehen Sie mich Gläser abwaschen und ich mache das Bett für jeden?« Warum nicht kleidersparend die große Wäsche im Operettenstil zur kleinen machen mit »Meine Mama ging nur im Pyjama«? Warum nicht dem Fensterputzen mit »How many times must a man look up, before he can see the sky« widerstehen? Oder das Aufräumen lassen und statt »Sag mir, wo die Blumen sind« singen »Frag nicht, wo Blusen sind«?

Peinlich sauber?
Reinlich ist peinlich.

Arbeitsorganisation, ein gewichtiges Wort, das in Wirtschaft und Industrie Arbeitsabläufe optimiert und für höhere Rendite sorgt. Wer seine Hausarbeit organisiert, sorgt auf jeden Fall für optimale Freizeit.

Hausarbeit fällt in den Räumen an, in denen Sie leben. Je mehr Räume Sie haben, desto mehr müssen Sie räumen, aufräumen und putzen. Je kleiner Sie sich setzen, desto weniger Hausarbeit setzen Sie sich aus.

So kommen Sie auf den richtigen Weg: Wege sparen, wo man kann. Das heißt, nicht dauernd und für jede Kleinigkeit treppauf und treppab laufen. Oder von einem Zimmer ins andere. Sondern genau überlegen, wann man welchen Weg wohin macht. Wenn Sie den Shorty ins Schlafzimmer bringen müssen, dann nur, wenn Sie ohnehin die Betten machen wollen. Muß der Mülleimer nach unten zur Tonne gebracht werden, nehmen Sie ihn mit, wenn Sie sowieso die Treppe hinuntermüssen, weil Sie einkaufen wollen. Es ist ja nicht nur so, daß wir eine Menge Energie sparen, wenn wir Wachteln an Wacholdersoße in einer durch sinnvolle Anordnung von Geräten und Arbeitstischen wegegünstigen Küche zubereiten. Jeder Schritt, jeder Weg muß überlegt sein. Und wenn Sie schon auf dem Weg sind, räumen Sie auch gleich die Schuhe oder Bauklötze aus dem Weg. Lassen Sie nichts Ihre Kreise stören.

Stehen Sie sich nicht selbst im Wege.

So bekommen Sie alles in den Griff: Kein Handgriff zuviel. Bloß nicht Gegenstände zwei- oder dreimal anfassen, sondern möglichst nur einmal und endgültig. Also das Messer, das Sie abgetrocknet haben, nicht erst auf den Tisch und dann in die Schublade, sondern gleich dort hinein. Oder die Flasche Olivenöl, die Sie eingekauft haben, nicht mit dem ersten Handgriff aus dem Korb auf die Spüle und dann mit dem zweiten in den Schrank. Nein, das ist ein Handgriff zuviel.

Selbst bei minimierten Handgriffen läßt sich noch sparen. Darum achten Sie auf günstigen Greifraum an den jeweiligen Hausarbeitsplätzen. Es ist alles eine Frage, wie man die Sache anfaßt. Die Anordnung der Geräte und der für die Arbeit benötigten Gegenstände sollte danach ausgerichtet sein, ob Sie Rechts- oder Linkshänder sind. Bei der Arbeit arbeiten Sie von rechts nach links – als Rechtshänder. Oder umgekehrt von links nach rechts – als Linkshänder. Wichtig, um Mehrarbeit zu vermeiden: der Arbeitsablauf muß sich dem Bewegungsablauf anpassen. Damit Sie nicht unnötig in die Hausarbeitsfalle tappen, sollten die Hände sich beim Arbeiten möglichst nicht überkreuzen. Das ist nicht nur beim Gemüseputzen wichtig, damit Sie nicht statt der Möhre die Finger putzen, sondern auch beim Bügeln, damit Sie sich nicht aus Versehen die Hände plätten.

Gekreuzte Hände beim Beten,
nicht beim Braten.

Ein günstiger Greifraum – das gilt für alle Arbeitsplätze – schafft Ihnen Freiraum. Alles sollte in günstiger Griffweite liegen. Was häufig benötigt wird, in der Nähe, was selten benötigt wird, oben oder unten oder hinten. Optimieren können Sie das Ganze noch, indem Sie sich von den Dingen und Geräten befreien, die Sie lange nicht gebraucht haben. Überlegen Sie, ob Sie sie jemals wieder benötigen, und dann – weg damit. Damit der Greifraum gar nicht erst zur Grauzone wird, die Sie beim Frühjahrsputz in Angriff nehmen müssen. Zudem – bei jedem Einsatz von Haushaltsmaschinen und Haushaltsgeräten sollten Sie den Aufwand für die Reinigung bedenken und sie bedenkenlos wieder abschaffen, wenn das Säubern mehr Arbeit macht, als Sie durch die Benutzung des Gerätes sparen.
Hausarbeitsfaule wie wir glauben es kaum, aber tatsächlich wird in der einschlägigen Fachliteratur empfohlen, auch für Hausarbeit Arbeitspläne aufstellen. Na gut, Sie können sich natürlich, bevor es mittags Kartoffeln mit Quark gibt, einen Plan aufstellen, welche Arbeiten dafür nötig sind. Nach unseren Erfahrungen ist das Mittagessen

schneller zubereitet, wenn man gleich loslegt und die Kartoffeln aufsetzt. Auch das Bettenmachen oder Bügeln wird nicht leichter, schneller oder weniger, wenn man vorher aufschreibt: Fenster öffnen, Laken glattziehen, Kissen aufschütteln. Die einzigen Arbeitspläne, die wir gelten lassen, sind Einkaufslisten und ansonsten der gesunde Menschenverstand (ggf. geschult durch dieses Buch).

Wer wartet, wischt – auch das ist kein schlechter Grundsatz. So fallen gerade bei der Küchenarbeit häufig Wartezeiten an. Bis die Suppe kocht, der Grill heiß ist. Im Badezimmer warten wir, daß das Badewasser einläuft. Da stehen wir nicht einfach herum, sondern nutzen die Minuten für Reinigungsarbeiten. Das läßt manchen Putztag gar nicht erst nötig werden.

Himmel! Hausfrauen und Hausmänner leben gefährlich! Die Gefahr, in der Küche oder im Keller zu verunglücken, ist größer als im Cabrio. Bei allem, was Sie in Wohnung oder Haus tun, sind Sie schwer gefährdet. Sie können ausrutschen, weil das Fett aus der Pfanne spritzt. Oder wegen der Bananenschale auf dem Fußboden. Sie können über Bücher und Bauklötze stolpern. Sie können mit Stühlen und Hockern beim Frühstückmachen umkippen, wenn Sie alles gleichzeitig erledigen wollen. Oder beim Gardinenaufhängen von der Leiter und beim Fensterputzen aus dem zweiten Stock fallen. Sie können sich verbrennen oder verbrühen. Nicht zuletzt vergiften oder verätzen.

Wer hausarbeitet, schwebt in Todesgefahr. Um diese harte Tatsache kommen wir nicht umhin. Die Zahlen des Statistischen Bundesamtes sprechen für sich: insgesamt kamen 1994 6854 Menschen – 4188 Frauen, 2666 Männer – bei der Hausarbeit ums Leben. Besonders gefährdet sind dabei Menschen über 65, die es eigentlich längst besser wissen sollten. Ganz offensichtlich ist es so, daß man für den freien Blick durchs Fenster oder die staubfreie Zone auf dem Schrank nicht selten dem Tod ins Auge blickt. 90 Prozent der Hausfrauen und Hausmänner brechen sich – symbolisch gesprochen – lieber den Hals, statt die Hausarbeit abzubrechen. Tragisch! Da gibt es nur eins: Je zurückhaltender Sie die Hausarbeit angehen, desto sicherer leben Sie. Hausarbeit meiden heißt Unfallvermeidung und längeres Leben.

Staubstrategisch richtig liegen Sie auch, wenn es Ihnen gelingt, Hausarbeit zu minimieren, auf andere abzuwälzen oder ganz zu vermeiden – und das am besten mit raffinierten Strategemen. Was die Chinesen über Jahrtausende als Geheimwissen für geschicktes Agieren und Reagieren im Kriegsfall bewahrt haben, Listen und Tücken, mit denen man anderen das Wasser abgräbt oder mit denen man sie dazu bringt, die Kastanien aus dem Feuer zu holen, ist dank der Sinologen nun auch in Europa bekannt. Machen Sie sich also diese und andere Strategeme zunutze.

Natürlich können Sie sich die schwarze Mummy aus *Vom Winde verweht* suchen, die Ihnen die Arbeit und auch die moralischen Entscheidungen abnimmt. Wie man ganze Kolonnen für die Hausarbeit anmarschieren läßt, dazu erfahren Sie einiges in Kapitel 12. Hier geht es um Strategien, mit denen Sie generell und geniös anfallende Hausarbeit auf andere abwälzen. Leider können wir Ihnen des Buchumfangs wegen nur die grobe Richtung vorgeben. Je nachdem, wie faul und findig Sie in Sachen Hausarbeit

sind, je nachdem, welcher Hausarbeitstyp Sie sind, haben Sie alle Möglichkeiten, zu verfeinern, die Strategien und Strategeme für Ihre Ziele und Zwecke auszubauen. Oder sich auf dem weiten Feld der Strategeme (die Chronik *Nan Qi Shu* spricht von 36) weiter umzuschauen und die besten oder am besten alle für sich nutzbar zu machen.
Ins Hotel zu ziehen ist für Singles eine Möglichkeit, ganz um Hausarbeit herumzukommen. Ob Frühstückmachen oder Putzen, ob Wäschewaschen oder Bügeln, hier brauchen Sie nicht selbst Hand anzulegen. Leider eine teure und mit Anonymität verbundene Angelegenheit. Eingeschränkt sind auch die Chancen, laute, flippige Partys oder gemütvolle Weihnachten zu feiern. Viel preiswerter und geradezu ideal ist das Hotel *Mama*, das zu Theas Verwunderung immer noch und immer wieder an Boden gewinnt. Torsten hingegen betont, daß dort besonders für Söhne praktisch dieselben Dienstleistungen wie in einem richtigen Hotel geboten werden und sich Nachteile kaum ergeben. Mit strategischen Finessen wie Gefühlsappellen können Sie nicht nur die Hausarbeit minimieren und vermeiden, sondern auch die Lebenshaltungskosten.

Sei kein Schuft, laß Mama schuften!

Für Singles ist oft die einfachste Lösung: heiraten. Die Partnerin, der Partner nimmt Ihnen manches an Hausarbeit ab. Wenn Sie Glück haben und strategisch geschickt verfahren, mehr als die Hälfte. Und bloß keine Angst, durchs Zusammenleben verdoppelt sich die Hausarbeit ja nicht.
Auch nicht schlecht: zu Freunden ziehen. Wer auf dem eigenen Hausstand beharrt, sollte sich wenigstens ab und

zu für eine Woche oder länger ein anderes Heim suchen und Freunde oder Bekannte heimsuchen. Es ist einfach so: Wer weniger zu Hause ist, muß weniger putzen. Also ist Wohnungswandern angesagt. Allerdings ist es strategisch günstiger, wenn Sie ein kleines Opfer auf sich nehmen, um lustvoll faul zu sein. Also bieten Sie den Freunden, bei denen Sie sich jeweils mit Sack und Pack gerade installiert haben, Hilfeleistungen an. Wohl dosiert, nicht zu oft und nicht zu viel. Bieten Sie sie nach Möglichkeit so charmant an, daß die Gastgeber sich einfach verpflichtet fühlen, das Hilfsangebot abzulehnen. So streichen die anderen schnell die Segel und Ihnen sogar morgens das Frühstücksbrötchen. Übrigens ein Strategem, das elfte, das die Chinesen *Der Pflaumenbaum verdorrt anstelle des Pfirsichbaums* nennen.

Selbst wenn Sie zu enge Bindungen scheuen – auch die gesamte Verwandtschaft läßt sich mit Wohnungswandern ausreizen.

In eine WG zu ziehen, ist nicht die schlechteste Methode. Auch hier dividiert sich die anfallende Hausarbeit durch die Anzahl. Lassen Sie ruhig die anderen den Sprudel oder die Milch herbeischleppen. Die Dusche saubermachen. Staubsaugen. Am längsten kommen Sie in der WG aus, ohne einen Finger zu rühren, wenn Sie das erste Strategem, die Zieltarnung, anwenden. *Täuschen Sie den Kaiser, um das Meer zu überqueren.* Das heißt, geben Sie sich als Sauberkeitsfanatiker aus. Tun Sie so, als ob. Zeigen Sie sich oft mit Schwamm oder Besen, ohne sie einzusetzen. Und beschweren Sie sich so oft wie möglich darüber, wie schmutzig es ist. Es wird die anderen dazu bringen, ihrerseits mehr zu tun und Ihre Arbeit mitzumachen. Wenn

Ihnen selbst strategische Bemühungen zuviel sind, handeln Sie sich maximal einmal im Monat ein Stündchen Psycho-Intimwäsche ein.

Besser eine Hausarbeitshilfe als Hilfe bei der Hausarbeit.

Unterlassene Hilfeleistung ist laut Strafgesetzbuch § 323c strafbar und wird mit Freiheitsentzug oder Geldstrafe geahndet, allerdings nicht, wenn es um Hausarbeit geht. Im Gegenteil. Deshalb empfehlen wir Faultieren und Jungfrauen der Hausarbeit auch in diesem sensiblen Bereich die Strategeme der chinesischen Kriegskunst (was für ein Wort!). Grundsätzlich sollten Sie sich so verhalten, wie das neunte chinesische Strategem – nach Thea überhaupt das beste – vorschlägt: *Das Feuer am gegenüberliegenden Ufer beobachten*. Mit anderen Worten: Sie sehen zu, wie der andere sich mit Abwasch und Wäsche plagt, sich mit Staubsauger und Putzeimer herumschlägt, und warten ab. Stellt wirklich jemand das Ansinnen, daß Sie zum Handtuch greifen und die Gläser abtrocknen, erwartet jemand, daß Sie den Müll runtertragen oder die Fenster putzen, appelliert gar an Ihre Hilfsbereitschaft, dann gibt es nur eins: faule Ausreden. Ein paar davon stellen wir Ihnen vor: Sie können sich beim Kochen dumm stellen, auch beim Fensterputzen. Sie können ein Glas fallen lassen. Den Einkauf, der Ihnen aufgetragen wurde, vergessen. Die Knöpfe, die Sie annähen müßten, verlegen. Besonders wirksam, sofern Sie männlichen Geschlechts sind: Sie können dringendere berufliche Arbeiten oder wichtigere Kontakte zu Kegel-, Rotary- oder freimaurerischen Brüdern vorschieben. Oder den Überarbeiteten und total Erschöpften spielen. Auch Frauen machen sich die alten geschlechtsbedingten Vorurteile zunutze: Sie können Krankheit simulieren (Migräne macht sich gut) oder eine Allergie gegen Reinigungsmittel.

Zum Schluß noch ein ganz heißer Tip von Thea:

Setzen Sie bei Familienmitgliedern Prämien für arbeitssparende Tips aus.

3 Psycho-Test: Welcher Hausarbeitstyp sind Sie?

»Selbsterkenntnis ist der erste Schritt zur Besserung.« Damit Sie nicht der Hausarbeit in ihrem vollen Ausmaße ausgeliefert bleiben. Oder sauberen Ansprüchen und Sauberkeitsideologien. Wie ausgesprochener Kritik von Nachbarn, Werbung und Schwiegermutter. Dieser Psycho-Test dient Ihrer Selbsterkenntnis.

KREUZEN SIE AN:

1 Zum Tag der (Haus-)Arbeit fassen Sie folgenden Entschluß:

- Ich lege die Hände in den Schoß. ☐
- Das nächste Frühjahr kommt bestimmt, der Frühjahrsputz kann warten. ☐
- Das Fensterputzen mache ich lieber wieder selbst. ☐
- Freitags lasse ich jetzt das Pizza-Taxi kommen. ☐

Morgen wische ich mal wieder gründlich durch. ❑

Ich muß unbedingt die neue Möbelpolitur ausprobieren. ❑

Keinen, weil Sie damit beschäftigt sind, die Gardinen abzunehmen, zu waschen und wieder aufzuhängen. ❑

2 In welchem Zustand würden Sie Ihren Putztag am liebsten verbringen?

3 Welches dieser Gefühle mögen Sie bei sich selbst am wenigsten, wenn es um Hausarbeit geht?

Nullbock-Gefühle ❑

Gefühl von Stinkfaulsein ❑

- Arbeitswut ☐
- Putzdrang ☐
- Gefühl, kreativ zu sein ☐
- Gefühl von Unsauberkeit ☐
- Gefühl von Unvermögen ☐
- Schuldgefühle ☐
- Gefühl von Vernachlässigung ☐

4 Wenn Sie putzen – wie putzen Sie am liebsten?

- Nur, wenn es unumgänglich ist ☐
- Schnell, aber gründlich ☐
- Gar nicht ☐
- Selten und nur das Notwendigste ☐
- Oberflächlich ☐
- Nur den sichtbaren Schmutz ☐

Genau und gründlich ☐

Porentief rein ☐

Schneller und besser als andere ☐

Jeden Tag gründlich ☐

5 **Hier äußern sich mehr oder weniger Prominente zur Hausarbeit.**
Wen würden Sie gern kennenlernen?

Hannelore Kohl: Arbeit ist für mich Lebensinhalt. Ich könnte mir ein Leben in Müßiggang nicht vorstellen. ☐

Torsten Conrad: Hausarbeit? Was ist das? ☐

Resis Tante: Wenn's um Hausarbeit geht, drücke ich mich, wo ich kann. ☐

Hillary Clinton: Als erfolgreiche Anwältin plane ich nicht, im Weißen Haus Plätzchen zu backen. ☐

Thea Conrads Schwiegermutter: Man muß sich ja in Grund und Boden schämen. Wie kann ich nach diesem Buch meinen Nachbarn noch in die Augen blicken? ☐

Hera Lind: Haushalt war nie mein Ding. ❑

Bärbel Schäfer: Hausarbeit ist für mich notwendiges Übel. ❑

6 Wie oft spüren Sie den Drang, Fenster zu putzen?

2x im Jahr ❑

Nie ❑

Jedesmal, wenn der Fensterputzer weg ist, muß nachgerieben werden. ❑

2x die Woche muß schon sein, wenigstens von außen. ❑

Wenn meine Schwiegermutter kommt. ❑

1x im Monat ❑

Nach jedem Regen ❑

Immer, wenn es notwendig wird ❑

Weihnachten ❑

7 Welcher Definition von Hausarbeitsfaulpelz stimmen Sie zu?

HAFPes sind glückliche Menschen, die ungescheuert und -geschoren davonkommen. ❑

Besser den Dreckspatz sprich Hausarbeitsfaulpelz als den eitlen Pfau zum Nachbarn. ❑

Hausarbeitsfaulpelze sind Frauen, die ungern putzen, es aber dennoch tun. ❑

Ein Hausarbeitsfaulpelz? Mein Mann. ❑

Menschen, die keinen Sinn dafür haben, daß Ordnung und Sauberkeit das Wesentlichste im Leben sind. ❑

Hausarbeitsfaulpelze sind immer auch Schmutzfinken. ❑

Was ein Hausarbeitsfaulpelz ist, das sieht man einfach an den Gardinen, wie die Kinder herumlaufen, am Vorgarten. ❑

Hausarbeitsfaulpelze lassen vermissen, was einen guten Haushalt ausmacht. ❑

8 Was essen Sie am häufigsten (liebsten)?

- Pizza vom Pizza-Taxi ☐
- Leichte Suppen, weil ich zu mehr oft keine Zeit habe ☐
- Fastfood aus dem Schnell-Imbiß ☐
- Fastfood am Schnell-Imbiß ☐
- Hausmannskost ☐
- Schnell mal ein Butterbrot ☐
- Deftig und kräftig, Sauerbraten oder Erbsensuppe, deutsche Gerichte eben ☐
- Gesunde und ausgewogene Vollwertkost ☐
- Gut aufgetaut ist halb verdaut, Fertigmenüs eben ☐
- Was andere zubereitet haben ☐
- Im Feinschmeckerrestaurant ☐

9 Welches Tier gefällt Ihnen am besten?

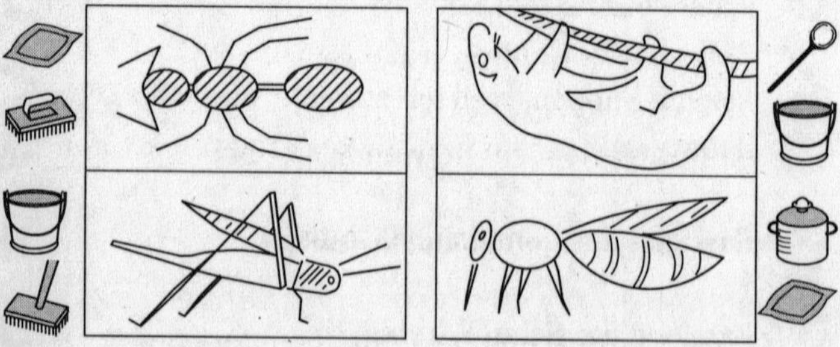

10 Welcher Ausspruch gefällt Ihnen am besten?

- Bei uns kann man vom Boden essen. ☐
- Wann immer es geht, lasse ich alle fünfe grade sein. ☐
- Für Hausarbeit habe ich zwei linke Hände. ☐
- Schließlich soll es bei uns nicht aussehen wie bei Hempels unterm Sofa. ☐
- Eine Frau, die im Haushalt fleißig ist wie eine Biene, hat auch einen Stachel. ☐
- Das meiste macht sich von allein. ☐

Polnische Wirtschaft – das kommt bei mir nicht vor. ☐

Ich lasse gern fünfe grade sein. ☐

Hausarbeit ist ein notwendiges Übel. ☐

Hausarbeit muß gemacht werden. ☐

Wer schaut schon bei Conrads unters Sofa? ☐

11 Kreuzen Sie an, was Ihrer Meinung nach richtig ist:

Kitchenaid ist

eine weibliche Küchenhilfe ☐

eine neue Erkrankung ☐

diese bunte lustige Eieruhr – etwas kitschig sind die schon ☐

ein Lehrberuf der Gastronomie ☐

eine Küchenmaschine ☐

Ich will's gar nicht wissen ☐

Der Unentbehrliche ist

- ein Wischmopp ☐
- der Hausfreund ☐
- mein Partner ☐
- Ein Pfannenheber ☐
- jemand, der mir das Bügeln abnimmt ☐
- mein Staubsauger ☐

Poliboy ist

- ein Hotelpage ☐
- ein gestyltes Handy ☐
- ein höflicher Mensch ☐
- die Marke einer guten Politur ☐
- Angestellter einer Reinigungsfirma ☐
- Ich habe schon davon gehört – Bohnerwachs? ☐

12 Sie kommen abends gestreßt aus der Firma, aus dem Büro. Was machen Sie als erstes?

- Ich nehme einen Drink und mache die Beine lang. ❑
- Ich setze die Kartoffeln fürs Abendessen auf. ❑
- Ich lasse mir einen Drink und die Zeitung bringen. ❑
- Ich lasse meinen Streß ab, indem ich erst mal aufräume, wische oder sauge. ❑
- Was mir gerade einfällt. ❑
- Oft genug muß ich das Frühstücksgeschirr in die Spülmaschine räumen, weil ich das morgens nicht mehr geschafft habe. ❑
- Abends gestreßt nach Hause kommen – höchstens nach dem Großeinkauf am Samstag. ❑
- Ich gucke in den Kochtopf und freue mich aufs Essen. ❑
- Ich lese die Post und höre den Anrufbeantworter ab. ❑

13 Welchen Ausspruch würden Sie als Kompliment empfinden?

Bei Ihnen ist es ja wirklich sauber. ☐

Wie kommt denn solcher Glanz in meine Hütte? ☐

Sie sind noch Jungfrau in der Hausarbeit. ☐

Du machst nicht viel Getue,
bei dir fühle ich mich wohl. ☐

Wunderbar, wie Ihre Gläser glänzen. ☐

Lassen Sie nur, bei mir zu Hause
liegt auch immer irgendwas herum. ☐

14 Charakterisieren Sie sich selbst als Mensch, der sagt:

Ich besitze eine ungeheure Ausdauer in der Faulheit (Büchner: Leonce und Lena). ☐

Ich bin lieber heimlich faul als unheimlich fleißig. ☐

Für mich ist Müßiggang aller Laster Anfang. ☐

Es gibt viel zu tun – fang gar nicht erst an! ☐

 Sauberkeit hat noch niemandem geschadet. ❑

 Unordnung bringt mich einfach auf Trab. ❑

 Meine Familie hält mich dauernd auf Trab. ❑

Auswertung:

Zählen Sie nun zusammen, wie oft Sie

gewählt haben. Je nachdem, welches Symbol am häufigsten ist, lesen Sie unter

Und dann kommt die Stunde der Wahrheit. Sie erfahren, welcher Hausarbeitstyp Sie sind.

 **Dolcefarniente-Typ**: Sie gehören zu denjenigen, die schon längst dem süßen Nichtstun frönen. Weder staubige Böden noch streifige Fensterscheiben können Ihnen etwas anhaben. Sie nehmen das Motto »Macht nichts!« wörtlich – auch für sich selbst. Sie werden in diesem Buch eine ungeahnte Selbstbestätigung finden und zusätzliche Tips, wie Sie Mäkler und Neider zum Schweigen, auf Ihre Seite bringen und immer wieder neue Kolonnen finden können, die Ihnen die Hausarbeit abnehmen.

Resis-Tante-Typ: Wie Resis Tante sind Sie resistent gegen Staub und Schmutz, gegen Flecken und Flicken, gegen Braten und Brutzeln. Nach dem Motto »Immer den Weg des geringsten Widerstandes gehen« sehen Sie Hausarbeit als Hürde an, die immer zu hoch ist und die Sie deshalb gar nicht erst in Angriff nehmen. Das Buch wird Ihnen helfen, immer neue Hürden zu erfinden und aufzustellen.

Lässi-Typ: Wegen ein paar Tapsern auf dem Boden und Flusen auf dem Teppich bringen Sie sich nicht um und um Ihre wohlverdiente Ruhe. Allerdings ist die Gelassenheit und Lässigkeit in Sachen HA bei Ihnen kein Dauerzustand. Aber mit dem Motto »Oft zu wenig, aber immer noch zuviel« sind Sie auf dem richtigen Weg. Das Buch wird Ihnen helfen, Ihre innere Gelassenheit weiter zu vertiefen.

Gehören Sie zur Variante **Huschi-Wuschi**, die alles im Haushalt obenhin tut, statt in die Tiefe zu gehen, können Sie durch dieses Buch noch mehr an Oberflächenprofil gewinnen.

Gehören Sie zur Variante **Saisonlöwe/in**, die HA vierzehn Tage bedenkenlos liegen lassen kann und dann plötzlich einen Rappel bekommt, hilft Ihnen das Buch, die hausarbeitsfreien Intervalle sinnvoll zu vergrößern.

So oder so – mit Hilfe dieses Buches hebt sich der letzte Staubnebel vor Ihren Augen und können Sie dafür sorgen, daß Lässigkeit zur Dauereinrichtung wird.

Gegen den Putzteufel sind Sie der reinste Waisenknabe!

Hausbiene-Typ: Emsig und unermüdlich wirken Sie mit Bienenfleiß im Haus. Ihnen ist, was von einer guten Hausfrau erwartet wird, in Fleisch und Blut übergegangen. Bei manchen sogar gegen Wunsch und Können. Nach dem Motto »Hausarbeit ist meine Pflicht, ob sie mir liegt oder auch nicht« wischen und werkeln Sie, kochen und backen, daß es eine wahre Pracht, aber nicht immer ein prächtiges Ergebnis ist. Das Buch kann Ihnen dabei helfen, sich zur Drohne zu entwickeln.

Putzig-Perfecti-Typ: In Ihrem Haushalt muß alles wie am Schnürchen laufen. Und das Ende dieses Schnürchens halten Sie am besten selbst in der Hand, nach dem Motto »Poliboy und Akkuratesse sind mein höchstes Lebensziel«. Sie müssen unter Umständen dieses Buch mehrmals lesen. Aber dann können auch Sie endlich lockerlassen.
Gehören Sie zur Variante **Blanke-Grete/Blanker-Hans**, der blanke Kacheln und blanke Scheiben die reinste Freude sind, wissen Sie gar nicht, welche schönen Dinge es im Leben gibt. Sauberkeit ist Ihnen Fanal und Ersatzbefriedigung. Und darüber werden Sie leicht fanatisch.
Gehören Sie zur Variante **Besserwischi**, die alles besser wischt und weiß, die jedem anderen Lappen, Leder oder Löffel aus der Hand reißt, weil sie selbst die Sache am besten anfängt und aufhört, verhindern Sie mit Verbalattacken auch Hilfsattacken.
So oder so – mit Hilfe des Buches wird Ihr Perfektionismus bald der Vergangenheit angehören und

werden Sie lernen, lose Fadenenden zu lebens- und liebenswerten Flausen zu verknüpfen.

Putzteufel-Typ: Sie würden am liebsten Möbel und Menschen entstauben, sauberwischen und anschließend in Schutzhüllen packen, damit des Staubens und Krümelns endlich ein Ende ist. Jeder noch so kleinste Fussel ist Ihnen ein Dorn im Auge. Ihnen braucht niemand mehr Feuer unterm Hintern zu machen, Sie schrubben, polieren und putzen von selbst. Nach dem Motto *Die Hölle auf Erden soll unser werden* nehmen Sie jeden Schmutzfleck und jeden Schmutzfink auf die Hörner. Sie sollten das Buch nicht verteufeln, sondern mit seiner Hilfe dem Putzfimmel entsagen und sich zu englischen Sphären aufschwingen.

Umfrage:
25% der Männer helfen ihren Frauen beim Abwaschen, Putzen und Bügeln,
82% der Frauen versorgen Kinder allein,
61% der berufstätigen Frauen versorgen Kinder allein.

Was sagen mir Umfragen dieser Art?
Daß Männer die Kunst des Müßiggangs besser beherrschen, findet Torsten.

4 Der tägliche Krampf: Betten machen, aufräumen, Staub wischen, Tisch decken und abräumen, Abwaschen, Einkaufen

Jeden Morgen geht die Sonne auf. Und schon nimmt die Hausarbeit ihren Lauf. Hausarbeit, so scheint es, ist unvermeidlich. Weil uns der Magen knurrt. Weil wir nicht nackend herumlaufen können. Weil wir uns in ein gemachtes Bett legen wollen. Weil wir nicht im Dreck ersticken möchten. Wie sehr wir uns in acht nehmen, welche Vermeidungsstrategien wir auch entwickeln, Hausarbeit fällt an. Stündlich, täglich, immer wieder neu.

Der tägliche Kampf gegen zerwühlte Laken, Unordnung und Chaos, Hunger und Nacktheit, Staub und Schmutz – ist er nie zu gewinnen? Ein Perpetuum mobile, dadurch in Gang gehalten, daß wir leben, lieben, essen und schlafen? Fest steht, jede Hausarbeit provoziert neue Hausarbeit. Ist Sisyphusarbeit, mit der wir bestraft werden, ohne zu wissen, für welche List. Das Felsstück, das wir tagtäglich den Berg hinaufwälzen und das uns jeden Morgen neu entgegenrollt, heißt Bettenmachen, Aufräumen, Staubwischen, Tischdecken und -abräumen, Abwaschen und Einkaufen. Und Kochen. Wenn wir Pech haben, drei Mahlzeiten täglich. Darum widmen wir dieser Küchenarbeit das ganze nächste Kapitel.

Der tägliche Krampf – eine Schlacht, die Männer auch heute noch statistisch bewiesen vorzugsweise Frauen schlagen lassen. Ein täglicher Kampf, bei dem Männer schneller aufgeben. Ein Gefecht, zu dem Frauen über Jahrhunderte mit List und Tücke sozialisiert wurden, behauptet Thea trotz Torstens Protest. Und tritt dafür sofort den Beweis an. »Wenn du alle Arbeit im Haus ordentlich tun willst, so soll dir's gutgehn«, sagt Frau Holle zur Goldmarie.

Damit Sie der verheerenden Wirkung solcher und ähnlicher Sozialisationsversuche entgehen können, legt Thea den Leserinnen Kapitel 15 »So putzen Sie saubere Ideologien herunter« ans Herz.

So oder so ein täglicher Kampf, den viele Männer und noch mehr Frauen – auf die Formulierung haben Thea und Torsten sich auf Seite 7 schon geeinigt – kämpfen. Ein Kampf gegen Windmühlen, den nicht nur Doñas und Don Quijotes führen. Eine Haushaltsschlacht, die nicht zu gewinnen ist. Aus der wir alle frustriert und blessiert zurückkommen. Viel Zeitaufwand für nichts und wieder nichts.

Soll das etwa die Bilanz Ihres Lebens sein? Daß Sie kostbare Stunden vergeudet haben? Wir sehen Sie schon am Jüngsten Tag Rechenschaft ablegen, wie Sie Ihre Lebenszeit genutzt haben. Besser ist, Sie rechnen vorher schon einmal. Täglich fünf Minuten Betten machen oder zehn Minuten aufräumen oder fünfzehn Minuten die Spülmaschine ein- und ausräumen. Und wenn Sie nun 70 Jahre alt werden? Selbst wenn wir davon ausgehen, daß Sie erst mit Zwanzig für Bett, Ordnung und Abwasch zuständig wurden, haben Sie dann rund 63 Tage lang Ihr Bett gemacht, 127 Tage lang nur aufgeräumt und 190 Tage die Spülmaschine ein- und ausgeräumt. Insgesamt über ein Jahr Ihres Lebens als Sisyphus geschuftet. Von der übrigen Hausarbeit ganz zu schweigen. Wahnsinn.

Vor hundert Jahren, ja, da empfahl man das tägliche Aufräumen, Kehren und Abstauben nicht nur für morgens. Da sollte dieser morgendliche Reinigungsvorgang nach dem Mittagessen noch einmal wiederholt werden, um den lieben langen Tag über so saubere wie geordnete Verhältnisse zu haben. Ganz offensichtlich Wahnsinn von Menschen, die nichts Besseres zu tun hatten.

Wir sagten es bereits. Und sagen Sie selbst: Sind wir deshalb alle von oben bis unten mit Gold bekleckert? Nein. Grund genug also, es mit der Pechmarie zu halten, die klug genug war, sich nicht schmutzig zu machen, das Brot im Ofen, Apfelbäume wie Betten ungeschüttelt ließ. Wir wollen mit Fleiß geizen, weil wir nicht an den Goldsegen von oben für Hausarbeit glauben. Weil wir uns mit dem Gegensatz fleißig und schön – häßlich und faul nicht in die Fleißfalle locken lassen. Weil wir Besseres zu tun haben. Wem auf Anhieb nichts Passendes einfällt, der findet in Kapitel 14 »Flausen im Kopf mit Flusen auf dem Teppich« jede Menge Anregungen.

Und nicht zuletzt, weil wir den Tag mit Müßiggängers Abendgebet beschließen wollen. Ganz im Sinne Endrikats kommt es uns darauf an, daß wir nicht viel Hausarbeit gemacht, aber den Tag verbracht haben. Und zwar gut.

Betten machen ohne viel Federlesens

In Tausenden von Haushalten weltweit dasselbe Lied. Da ist jemand, der aufsteht und zerwühlte Laken, Decken und Kissen zurückläßt. In Tausenden von Haushalten weltweit dasselbe Leid: Da werden morgens Laken sorgfältig glattgezogen und gezupft, Kopfkissen und Bettdecken geschüttelt, in denen sich schon mittags Tochter oder Sohn schulmüde lümmeln. In die spätestens am Abend jeder kriecht. Sie wollen auf keinen Fall 63 Tage lang und länger Ihr Bett machen? Gut so.

Die leichteste Art, das Bettenmachen zu umgehen, setzt allerdings Gleichmut und ein dickes Fell voraus. Ist nichts für Prinzessinnen auf der Erbse oder Prinzen auf dem Sektkorken. Krumpelige Laken, verknautschte Kissen, zerwühlte Decken lassen Sie einfach, wie sie sind. Weil es am nächsten Morgen eh wieder genauso aussieht. Sie kriechen abends ins ungemachte Bett, nach dem Motto »Ungemacht – gewonnen die Schlacht«. Allenfalls Krümel vom knusprigen Frühstücksbrötchen fegen Sie schnell mit der Hand vom Laken. Denn wer je sein Brot im Bette aß, der weiß, wie Krümel pieken.

Ins gemachte Bett kann sich nicht jeder legen, aber durchaus ins ungemachte. Das ungemachte Bett – kein Problem bei Schlafzimmern, die ohnehin nur zum Schlafen benutzt werden. Tür zu. Denn wie singt der chinesische Prinz im »Land des Lächelns« so schön: *Doch wie's da drin, pardon, dahinter aussieht, geht niemand was an.*

Tür zu – ein Ausweg, der sich in Einraumwohnungen oder bei Mehrzwecknutzung nicht ohne weiteres jedem Menschen anbietet. Aus Gründen der Ästhetik, der Schönheit. Der Anblick zerknautschter Kopfkissen, verwurschelter Laken und der Dellen im Federbett strapaziert Ihren Gleichmut? Ihr dickes Fell? Ihr Pech. Auch wenn Sie damit zur großen Mehrheit zählen. Vielleicht sollten Sie etwas gegen überfeinen Ordnungssinn tun und sich mit Hilfe von Kapitel 13 mehr Gleichmut antrainieren.

Aus Gründen der Behaglichkeit. Des Genusses. Sie lieben es, sich abends oder auch mittags schon in ein frischgemachtes Bett zu legen, auf kühle glatte Laken, unter aufgeplusterte Federn. Weil Sie erst dann mit Goethe sagen können: *Hier bin ich Mensch, hier darf ich's sein?*

Ästheten wie Genießern ist schlecht beizukommen. Wir wären die letzten, die sich gegen Schönheit und Lust aussprechen. Dennoch kein Grund, die Betten zu schütteln, an Ihren faulen Grundsätzen zu rütteln oder Frau Holle zu spielen. *Du mußt nur achtgeben, daß du mein Bett gut machst und es fleißig aufschüttelst, daß die Federn fliegen.* Das sollten Sie sich weder von Frau Holle noch von mehr oder weniger geliebten Bettgenossinnen wie Bettgenossen sagen lassen.

Ob man so resistent wie Resis Tante gegen Aufforderungen dieser Art bleibt, ist eine Frage des Geschlechts und des Hausarbeitstyps. Unseren statistischen Erhebungen entsprechend legen Männer sich öfter ins gemachte Bett, als daß sie dieses Bett machen. Was das Bettenmachen betrifft, haben Männer es leichter. Für die, die nicht wissen, wovon hier die Rede ist, Theas heißer Tip für Männer: Warten Sie auf die Goldmarie.

Wenn Sie nun partout nicht drumherum kommen, nur keine Angst. Dem Bettenberg ist leichter beizukommen als dem Butterberg. Handlungen wie diese reduzieren das Bettenmachen aufs Minimum: Beim Aufstehen die Bettdecke zurückschlagen; das erspart das Schütteln. Zimmer gut durchlüften oder Bettzeug in die Fensterbank legen; das macht das Bett frisch. Bettzeug im Bettkasten verschwinden lassen. Oder einfach Schwamm drüber, sprich die Tagesdecke. Auch hier gilt: *Wie es dar-*

unter aussieht ... Dauert im übrigen höchstens eine Minute.

Spannlaken sind gespannt, was auf ihnen passiert.

Ihr zukünftiger Einsatz als Sisyphus wird auch dadurch beeinflußt, ob Sie Federbett oder Rheumadecke bevorzugen. Es ist nicht nur eine Frage der Kuscheligkeit oder der Gesundheit, ob Sie sich für Feder, Schafwolle oder Kamelhaar entscheiden. Arbeitsersparnis und mehr Faulenzzeit bringen Rheumadecken, die glatt liegen, im Gegensatz zu Federbetten. Nackenrollen statt Kopfkissen. Spannlaken, die nicht glattgezogen werden müssen. Die auch gespannt bleiben, wenn nichts auf ihnen passiert und darum äußerst praktisch und zeitsparend sind.

Beim Nagelbett reicht Staubsaugen.

Aufgeräumt aufräumen

Da ist jemand, der Zeitung liest oder fernsieht, der Skat spielt oder Schularbeiten macht, der mit Bauklötzen oder Ritterburgen spielt. Der Briefmarken in Alben sortiert. Der bastelt und repariert. Der malt oder Monopoly spielt. Oder den Hund ausführt. Zurück bleiben Zeitung, Fernbedienung, Spielkarten, Bierflaschen, Gläser und volle Aschenbecher. Zurück bleibt ein Chaos aus Heften, zerknülltem Papier, leeren Kulis, Tintenklecksen. Aus Bauklötzen, winzigen Schwertern, Helmen, Schilden, Pferden,

Schabracken. Aus Pinzetten, leeren Klarsichttüten. Aus Schrauben, Nägeln, Tapetenresten und Hobelspänen. Pinseln, Farben und kleinen roten Holzhotels. Hundetapsern auf den Fliesen.

Was für ein Chaos, stöhnen Sie. Und dennoch zuckt es Ihnen in der Hand, aus dem Chaos Ihren kleinen geordneten Wohnkosmos zu machen. Und so werden Zahnpastatuben zugeschraubt. Bücher gerade gerückt. Zeitung, Fernbedienung, Skatspiel, leere Kulis, kleine Schwerter und Schabracken, Schrauben und Nägel und kleine rote Holzhotels aufgeräumt und weggeräumt.

Ein Wahnsinn, der Methode hat, ohne Anfang und Ende. Denn kaum haben wir eine Ecke aufgeräumt, ist eine andere unordentlich. Haben wir die Zeitung weggelegt, liegt der Krimi an ihrer Stelle. Hat der eine mit Ritterspielen aufgehört, fängt der andere mit Basteln an. Haben wir den Aschenbecher geleert, zündet sich jemand eine Zigarette an.

Wer täglich räumt
und dabei schäumt
und kaum noch träumt,
hat viel versäumt.

Daß Ordnung zur Tugend erhoben wurde, wer hat uns das bloß eingebrockt? Etwa Schiller, der sie im Lied von der Glocke *Heil'ge Ordnung, segenreiche Himmelstochter* nennt? Oder Thomas Mann, der behauptete, Unordnung sei frühes Leid? Oder haben wir es mit einer jener so hochgelobten, aber völlig überlebten preußischen Tugend zu tun?

Wo kommt er also her, dieser Drang nach Übersichtlichkeit, dieser Hang, zu gruppieren, zu gliedern und zu sortieren, zu katalogisieren und zu klassifizieren, auszurichten und zurechtzurücken? Ordnung gehört weder zu den vier Kardinaltugenden Platons noch zu den Tugenden der christlichen Sittenlehre. Als metaphysisches Prinzip tritt Ordnung zwar schon in den ältesten Kosmogonien auf. Und was heißt Kosmos denn anderes als *Ordnung*? Doch da geht es um die natürliche Ordnung, die Naturgesetze. Der Kosmos ohne Zeichen einer ursprünglichen Geordnetheit war für Menschen offensichtlich unvorstellbar. Sie wollten sich an Konstanten festhalten, nicht an Variablen. So gewann das auch bei Veränderung unverändert Bleibende seinen überschätzten Wert: die Rangordnung, die hierarchische Struktur, die Abhängigkeit der Teile untereinander. Das gab den Menschen Halt. So bekamen sie die sichtbare und unsichtbare Welt in den Griff und in ihre Köpfe hinein. So nahmen sie die Gestalt der Gegenstände wahr. Erkannten gemeinsame Wesensmerkmale oder Eigenschaften. Empfanden sich selbst als Teil dieser Ordnung, Ordnung als Harmonie und damit ihr Leben als sinnvoll. Kurz, so brachten Menschen die Dinge dieser Welt auf den Begriff und die Werte in eine Rangordnung. Redeten von Ordo amoris und Ordre du coeur. Formulierten perfide Sprichwörter wie *Ordnung hilft haushalten* und *Ordnung ist das halbe Leben.*

Ordnung, ganz richtig, ist das halbe Leben. Nur das halbe. Sie sollten auf Ihrem ganzen Leben bestehen. Krempeln Sie also Ihren Ordnungssinn um. Wenn Sie der täglichen Fron des Aufräumens entgehen möchten, räumen Sie mit veralteten Ordnungsvorstellungen auf. Das ist der erste und wichtigste Schritt. Sie müssen etwas gegen Ihre Ihnen von Kindheit an eingebleuten Ordnungsvorstellungen tun. Wir helfen Ihnen dabei. Bauen Sie auf Ganzheit. Denn: Die andere Hälfte des Lebens und des Lebendigen ist das Chaos.

Die Chaostheorie revolutioniert gerade die Naturwissenschaften. Die Sache mit der kosmischen Ordnung verhält sich nämlich ganz anders. Es ist das Chaos, das den Kosmos in Bewegung hält. Energetische Vorgänge entwickeln sich von der Ordnung zur Unordnung. Selbstorganisierende Systeme wie lebendige Organismen sind nicht linear, mit einem berechenbaren Anfang und Ende; sie werden durch Wechselbeziehungen determiniert. Dank der Chaostheorie ist Schluß mit dem säuberlichen Trennen und Sortieren in Schubladen! Sie hat uns endlich den Ordnungsbegriff geschenkt, nach dem ordnungsmüde und faule Menschen wie wir lange gesucht haben: die Ordnung der Verknüpfungen. Kein Wunder also, daß die Chaostheorie neben den Naturwissenschaften auch Medizin und Rechtswissenschaften revolutioniert. Und die obersten Etagen des wirtschaftlichen Managements.

Was verdanken wir nicht alles der Fuzzy-Technik? Der Anwendung der Chaostheorie in der Praxis? Fuzzy-Steuerung sorgt dafür, daß unser Auto uns warnt, wenn es einem anderen verdächtig nahe kommt. Daß unsere Waschmaschine ihr Programm abspult. Unser Fotoapparat das Bild optimal scharf einstellt. Fuzzy hat überhaupt nichts Verdächtiges oder Verächtliches. »Fuzzy« arbeitet auf der Grundlage des »gesunden Menschenverstandes«. Hob nicht schon der Chemienobelpreisträger von 1977, der Belgier Ilja Prigogine, in einem Interview hervor, daß die Gesetze des Chaos nicht mehr die Gesetze Newtons, daß die Gesetze des Chaos vielmehr die Gesetze der Wahrscheinlichkeit seien? Was heißt das anderes als: Es kann etwas geschehen, muß aber nicht.

Und aus dem Chaos sprach eine Stimme zu mir: Lächle und sei froh, es könnte noch schlimmer kommen!
Und ich lächelte und war froh und es kam noch schlimmer.

(Anonym in der Hausmeisterloge einer Gesamtschule)

Handeln wir danach. Die Chaostheorie sollte auch unsere haushälterischen Ordnungsvorstellungen revolutionieren. Begreifen wir Wohnungen als offene Systeme, in denen das Entstehen und die Aufrechterhaltung von Ordnung einen ständigen Energieaustausch mit der Umgebung fordern. Lassen wir uns von der Chaostheorie belehren: Auch durch Selbstorganisation entstehen Ordnungsmuster. Fuzzy! Fuzzy! Sie sehen nur anders aus und sind von uns bisher zu Unrecht als Chaos, Unordnung verunglimpft worden.
Was der Amerikaner Tom Peters, ehemals Berater des Weißen Hauses, erfolgreichster Unternehmensberater und Managementautor, schon Ende der achtziger Jahre als innovative Management-Methoden forderte, sollte jetzt endlich auch für Sie, die Hausfrauen und Hausmänner, gelten: das Konzept des »kreativen Chaos«. Sie halten nicht krampfhaft an altbekannten Ordnungsvorstellungen fest. Sie freuen sich an Wandel und Widerspruch. Machen Chaos zum innovativen haushälterischen Lebenselexier.

Werden zur Heldin oder zum Helden des Chaos. Ganz im Sinne des Unternehmensberaters Gerd Gerken, der schon 1993 für Manager Soft-Management proklamierte und meinte, sie müßten das permanente Chaos zu ihren Gunsten nutzen.

Integrative Vorgänge mit ihren chaotischen Möglichkeiten rücken ins Blickfeld der praktischen Anwendung. Bauklötze und Playmobilritter auf dem Perser, der dadurch zur mittelalterlichen Landschaft mutiert. Volle Aschenbecher zwischen Spielkarten oder Kartoffelchips, die uns zu Berechnungen und Wetten veranlassen, wann die erste Aschenflocke auf den Tisch fällt. Kleine rote Hotels neben grünen Weinflaschen, die uns einen Einblick in Goethes Farbenlehre gewähren. Oder gelbe Klebstofftuben auf blauen Tintenklecksen. Das große Durcheinander – verändert es nicht unseren Blickwinkel? Gibt uns zu denken? Regt uns zu kreativen Neuschöpfungen an? Hält es uns nicht jung aufgrund seiner permanenten Wandlung, ewigen Metamorphose?

Kinderdank macht Augen blank. Die Kleinen wie die Großen, sie werden es uns zu danken wissen, wenn Unordnung nicht mehr frühes Leid bedeutet, sondern ihren Zweck für Kreativitätsschübe erfüllt. Auf jeden Fall greifen Sie nicht in die offenen Systeme ihrer Spielecke, ihres Zimmers, ihrer Bude ein. Lockern Sie die Ordnungszügel. Geben Sie Ihren Kindern die Chance, ihr kreatives Chaos zu entwickeln und zu nutzen.

Aufgeräumte Eltern sind besser als Kinder, die aufräumen.

Hören Sie nicht auf die Verbalblitze der Ordnungsfanatikerinnen und Ordnungsfanatiker, die sie uns entgegenschleudern: »Kamm in der Butter? Haar in der Suppe? Rumpelkammer? Alles Kraut und Rüben? Wie bei Hempels unterm Sofa? Etwa polnische Wirtschaft?«
Denken oder sagen auch Sie das? Wirklich? Auch letzteres? Die *polnische Wirtschaft* möchten wir als vorurteilsfreie Faule bei Ihnen nicht zur bleibenden Einrichtung werden lassen. Lesen Sie deshalb vorab in Kapitel 15 auf Seite 225 weiter. Denn nur dann putzen Sie diese saubere ethnische Ideologie in sich herunter. Außerdem:

Warum nicht:
Fuzzy durch Fusseln?

Übrigens, Unordnung ist auch psychisch gesünder. Die Psychoanalyse weiß ein Lied davon zu singen, daß sich in übermäßig ausgeprägtem Ordnungssinn Kompensation, Neurosen oder lavierte Psychosen ausdrücken.
Trainieren Sie also das Übersehen von Päckchen und Häufchen. Ein Tohuwabohu? Ein heilloses Durcheinander? Da müssen Sie nicht gottgleich ordnungschaffend eingreifen. Üben Sie sich in Demut. Und wir wollen doch auch nicht gerade dann, wenn es um säuberliche Trennung, um Unvermischtes geht, Ordnung mit moralischen Heilsbegriffen verquicken.
Haben Sie Päckchenmacher in der Familie? Oder sind Sie selbst eine oder einer? Lernen Sie diejenigen schätzen, die ihre Lebensbeschäftigung haufenweise über die ganze Wohnung verstreuen, ihre Bücher, ihre Schulsachen, ihr Strickzeug samt Wollknäueln. Freuen Sie sich. Das Chaos

der anderen macht Ihr Leben bunter. Sie haben es mit einem kreativen Menschen zu tun. Nicht umsonst spricht man vom kreativen Chaos bei Künstlern und Köchen. Und haben Sie alle, denen der Sinn für offene Systeme abgeht, nicht manchmal schon die schlafwandlerische Sicherheit, mit der solche Menschen trotz des Chaos die Dinge – das Tipp-Ex, die Pfeffermühle – im richtigen Augenblick finden, beneidet und bewundert?

Aufräumen? Aber ja, wenn die Unordnung zur Stolperfalle wird. Wenn Platz für Neues geschaffen werden muß.

Nutzen Sie keine Ordnungssysteme, die besonders zum Jahresanfang ihren großen Boom haben. Denn auch in Karton und Kasten, Ordner und Timer, die Ihnen andere aus verkaufsstrategischen Gründen als ordnungschaffend anpreisen, beamt sich nichts von allein. Auch sie müssen eingeräumt und aufgeräumt werden und haben nur Wert, wenn frau oder man sie in Ordnung hält. Glauben Sie uns, ordentlich geführte Aktenordner oder Timer, Zettelkästen oder Zeitschriftensammler sind zeitaufwendig.

**Seien Sie aufgeräumt,
aber räumen Sie nicht auf.**

Dieser Werbespruch gefällt uns nicht nur für junge Misses, sondern für alle, die lieber etwas vermissen als aufräumen: *Wer öfter unterwegs ist, muß seltener aufräumen*. Aufräumen macht mehr Arbeit als Suchen. Entwickeln Sie den Blick dafür, wo Sie einen Gegenstand hingelegt haben. Das trainiert Geist und Gedächtnis. Legen Sie lebenswichtige Dinge wie Haus- und Autoschlüssel sowie Portemonnaie und Zigaretten immer an dieselbe Stelle. Und wenn

Sie wirklich einmal etwas suchen und nicht finden können, hier Theas heißer Tip, mit dem sie bisher stets alles wiedergefunden hat: ein kurzes Stoßgebet zum heiligen Antonius von Padua, dem Schutzpatron der für die Hausarbeit Verlorenen.

Auch nicht schlecht: statt Suchorgie einen Hellseher bemühen.

Staub wischen

Stoffflusen und Wollmäuse wehen über den Boden, Staubwolken schweben und Sandkörner rieseln durch die Luft. Ascheflöckchen schweben. Ein Staubkorn kommt selten allein. Deshalb müssen wir uns mit dem Staub beschäftigen, hier und bei der putzigen Wochenschau in Kapitel 6. Was wir auch tun, es wird viel Staub aufgewirbelt. Ob wir stehen oder gehen, sitzen oder liegen, es flauscht und flust, krümelt, staubt und flockt ohne Ende. Selbst wenn wir gar nichts tun oder wenn wir dem Staub zu Leibe rücken und Staub wischen oder fegen oder saugen, staubt es.

Staub ist einfach da. Immer und überall. Drinnen und draußen. Grund genug, ihn hinzunehmen, ihm so völlig gleichgültig gegenüberzustehen wie wir. Doch die meisten Menschen haben ein ambivalentes Verhältnis zu Staub. Draußen stört sie Staub weniger, höchstens wenn sie über eine Sandpiste fahren oder im Sommer über staubige Landstraßen und der Staub ihr samstäglich geputztes Auto verschmutzt. Meist aber nehmen sie ihn ganz gelassen hin als das, was er ist: Staub. Drinnen jedoch sehen diese Menschen seltsamerweise Staub mit anderen Augen.

Stören sich an dem Grauschleier auf Schränken und Tischen, auf Fernseher und Gummibaum, auf Bilderrahmen und Zimmerbrunnen, auf Fußboden und Teppich. Treibt Staub in Wohnung oder Haus sein schleichendes Unwesen, glauben sie, den Kampf gegen rieselnde Staubkörnchen und schwebende Staubwolken aufnehmen zu müssen. Rücken dem Staub mit dem Staubtuch zu Leibe. Und das, obwohl wir doch alle einmal zu Staub und Asche werden.

Abstauben, daß es nur so staubt.

Gehören auch Sie zu denen, die mit dem Staubtuch in der Hand von Wand zu Wand und Schrank zu Schrank wuseln? Tag für Tag damit Lebenskraft und Lebenslust vergeuden? Denn Staubwischen bringt immer Frust. Thea, die schon als Kind mit dem Staubtuch die tägliche Runde durch die Dreizimmerwohnung über die Möbeloberflächen machen mußte, ist da besonders geschädigt. Allerdings wirkte bei ihr dieser tägliche kindliche Staubkampf als kräftiges Immunisierungstraining. Heute liegt – zum Glück – ihre Schmerzgrenze, wenn es um Staub geht, bei zwei Komma acht Zentimeter. Für Sie, die durch kein Kindheitstrauma ins richtige Verhältnis zu Staub gesetzt wurden, bieten wir das Immunisierungstraining in Kapitel 13 an.

Staub ist doch nun einmal da. Ein Einwand, den wir gelten lassen. Aber wir fragen auch: Na und? Lassen Sie ihn, wo er ist. Lassen Sie ihn zumindest länger als sonst dort. Hier wieder der Tip, der nach dem Motto *Besser loser Staub als ein staubiges Los* viel Lebenszeit spart: Wischen

Sie nicht jeden Tag Staub. Heben Sie sich Staubwischen für die putzige Wochenschau auf.

Einen Putzfimmel hat,
wer die wöchentliche Putzschau
zur täglichen macht.

Sie schütteln nicht Vorhänge, Decken und Teppiche staubfrei, sondern den Kopf über Leute, die das täglich machen. Die heute noch so verbissen jeden Morgen Möbel, Fenstersims und Fensterrahmen, Türen und Bilder staubwischen wie in Haushaltsbüchern vor hundert Jahren empfohlen. Oder wie unsere Nachbarin, die alle zwei Tage ihre Fenster sogar von außen abstaubt. Torsten behauptet, sie wolle sich damit vorm Fensterputzen drücken. Stimmt nicht, die Fenster werden trotzdem jede Woche geputzt.

Sagen Sie selbst, was nützt es, sich beim Staubwischen in den Staub zu werfen? Das Staubtuch in den Staub zu treten oder vor ihm im Staub zu liegen? Was in Haushaltsbüchern steht, ist doch veraltet. Wir halten es einfach mit Lessing, der schon irgendeinem Bruder – er soll Freimaurer gewesen sein – den lässingschen Ratschlag gibt:

... laß das Buch voll Staub.
Morgen bist du selber Staub!
Laß uns faul in allen Sachen,
nur nicht faul zu Lieb und Wein,
nur nicht faul zur Faulheit sein.

(Gotthold Ephraim Lessing)

Übrigens: Oft genügt es, sich den Staub von den Füßen zu schütteln.
Dabei gibt es, wenn überhaupt, nur fünf Gründe überhaupt Staub zu wischen: Wenn die Schwiegermutter kommt. Wenn Besuch kommt. Wenn Sie das neue Staubtuch ausprobieren wollen. Viertens, wenn es wirklich staubig ist. Oder fünftens, wenn die Woche herum ist.
Für unsere Leser, die wir noch nicht voll überzeugen konnten, für die Faulen, die es dennoch nicht lassen möchten, und solche, die den Erfolg bei minimalem Einsatz optimal maximieren möchten: Bieten Sie Staub möglichst wenig Angriffsflächen. Also – wie in Kapitel 2 empfohlen – sparsame Möblierung, Schränke bis an die Decke, glatte Flächen, kein Nippes. Auch kein poliertes Holz, weil man darauf Staub so gut sieht. Beim Bücherschrank passen Sie die Regalbretter der Bücherhöhe an, damit der Staub weniger Schlupflöcher findet. Oder Sie stellen die Bücher hinter Glas.
Wenn Sie den Staub schon nicht übersehen können, sorgen Sie dafür, daß er übersehen wird. Die Sonne bringt nicht nur Schandtaten an den Tag, wie eine alte Ballade weiß, sondern auch Staub. Stellen Sie die Möbel so, daß Sie Lichteinfall vermeiden. Und wenn die Schwiegermutter oder gute Freunde einmal unangekündigt kommen, ziehen Sie die Vorhänge zu oder lassen Sie die Rolläden herunter. Plaudern Sie unterhaltsam, und niemand kommt auf staubige Gedanken. Lassen Sie Gäste grundsätzlich in Sesseln, nicht auf Stühlen Platz nehmen. Sonst fährt der Finger prüfend über die Stuhlleisten.
Für die wöchentliche Staubputzorgie empfiehlt Torsten den feuchten oder imprägnierten Lappen. Oder das Microfasertuch. Weil die weniger Staub aufwirbeln.

Ist Ihre staubige Gesinnung genügend gefestigt, nutzen Sie Staub für kreative Staubbilder, malen schönes Jenseits in diesen Staub. Und wenn sich wirklich einmal ein Staubstau ergibt: Ziehen Sie einfach den Staubmantel an.

Fährt die Frau nur ab auf Swiffer,
träumt der Mann von Claudia Schiffer.

Tischlein, deck dich: Tisch decken und abräumen

Essen hält Leib und Seele zusammen. Deshalb wird in allen Haushalten das Frühstück bereitet, die Mittagssuppe gekocht und das abendliche Kotelett gebraten. Da ist jemand, der ißt, aber nicht vom Tisch, sondern vom Teller. Der trinkt und das nicht nur aus dem Wasserhahn. Der frühstückt, mittags seine Suppe löffelt und abends das Bierchen am gedeckten Tisch genießt. Der einen Haufen schmutziges Geschirr auf demselben zurückläßt. Fazit: Kein Haushalt, in dem nicht Tische gedeckt und abgeräumt werden und in dem nicht gespült wird.
Der Tisch ist mehr als ein Möbel. Er steht symbolisch für Essen und Trinken, Gastfreundschaft und Verbundenheit, Gespräch und Diskussion. Ist Zentrum der Kommunikation. Um den Tisch versammeln sich Familien, Freunde, Staatsmänner und Mitglieder von Kaffeekränzchen und Männerbünden. Bei Tisch werden Probleme besprochen, aufgeworfen und gelöst. Am Tisch wird gegessen, gespeist und getrunken. Kurz, durch den Tisch fällt eine Menge Hausarbeit an.

Miteinander essen verbindet. Freund und Feind. Einheimische und Fremde. Miteinander essen trägt zu Problemlösungen bei. Doch machen wir uns nichts vor: Das Paar, das sich am Tisch gegenübersitzt und sich beim Verzehren der Pizza aus der Tiefkühltruhe tief in die Augen blickt und nicht auf den Fernseher stiert, welch ein zu Herzen gehendes Werbeklischee. Vater, Mutter, Kinder um den gedeckten Tisch, die ihre Gedanken austauschen, sich nicht anbrüllen, wo jeder zu Wort kommt, es kein Gemecker oder Ohrfeigen gibt und niemand die Worte hören muß: »Solange du die Füße unter meinen Tisch stellst...«, auch das ein Klischee von Pilcherqualität. So reinleinen wie die Tischdecke, die diesem Ideal das notwendige Ambiente gäbe.

Bleiben wir realistisch. Im ursprünglichen Wortsinn heißt Tischdecken nichts anderes, als dem Verpackungskünstler Christo nacheifernd den Tisch in mehr oder weniger üppige Stoffbahnen zu hüllen. Tischtücher sind hausarbeitsaufwendig. Durch sie wird große Wäsche zu noch größerer Wäsche. Tischtücher müssen gewaschen, gebügelt oder gemangelt, auseinandergefaltet und wieder zusammengelegt werden. Egal, ob weißes Linnen oder buntbedrucktes. Bunt allerdings ist für alle Hausarbeitsmuffel weniger arbeitsaufwendig als weiß. Buntes ist vorteilhaft fleckendeckend. Obwohl in mancher Gesellschaft der Suppenfleck auf dem Tischtuch wenigstens Gesprächsanlaß ist.

Das reine Leinen gehört ganz offensichtlich zu den berühmt-berüchtigten Männerphantasien. Ist es nicht ein Mann, der *die schimmernde Wolle* wie *den schneeigten Lein* reinlich geglättet im Schrein pries und glaubte, dieser

Anblick lasse ein Frauenherz so hoch schlagen wie ein Männerherz der Anblick von blinkenden Schwertern und Pflugscharen? Schiller ist schuld, daß Frauen bei Geburtstagen geradezu zwanghaft auf weißen Tischdecken und dazu möglichst dutzendweise passenden Stoffservietten bestehen. Reines, weißes, glattes Leinen wird bei festlichen Gelegenheiten zum Tinnitus im Frauenohr der Hausbiene oder Blanken Grete. Tischdecken ohne Servietten ist bei dieser weiblichen Spezies ohnehin undenkbar. Zeichen für Unkultur. Von ihnen werden Servietten nicht nur neben oder auf die Teller gelegt, sondern als Pyramide, Fächer oder Stern gefaltet.

Wer etwas faltet, ist noch längst kein Falter.

(Mascha Kaléko: Philo(un)logisches)

Tischdekoration nennt sich diese Art der ausgelebten und erlaubten Frauenkreativität, die heute noch in Hauswirtschaftsbüchern, wie Thea so bitter wie nachdrücklich betont, nahelegt wird: »Sucht weitere Möglichkeiten für das Falten von Servietten.«

Nicht genug mit Servietten. Frau kann die Tischdecke noch mit farblich aufs Geschirr abgestimmten Tischläufern oder Tischbändern beleben. Frau sollte Tischkärtchen und Menükarten schreiben, Kerzenleuchter bestücken, Blumen und Pflanzen als Gesteck oder Sträußchen zusammenzwingen. Worüber Frau und Mann bei Tisch zu festlichen Gelegenheiten reden sollen, wie man ein munteres Tischgespräch in Gang bringt, lenkt oder beendet, darüber findet sich in diesen Büchern kein Wort. Grund genug für uns, auch für Geburtstage, Hochzeiten

und Jubiläen zu empfehlen, was sich für die täglichen Mahlzeiten anbietet: gut gegessen und munter parliert und das Tischdecken stark reduziert.
Also grundsätzlich, wenn überhaupt, nur Sets und Papierservietten. Oder lassen Sie das schöne Holz – es muß nicht immer Kirschbaum sein! – zur Geltung kommen und essen Sie vom blanken Tisch.

Täglich jemanden über den Tisch ziehen – dann wird er schön sauber.

Ohne Decke iß nicht? Nun gut. Warum nicht das schon vor hundert Jahren als praktisch und arbeitsparend empfohlene Wachstuch? Wachstuch reduziert die Wäsche. Allerdings will es aufgelegt, geradegezupft und wenigstens nach den Mahlzeiten abgewischt werden. Selbst wenn Sie das wächserne Tischtuch liegenlassen, nicht die optimale Lösung. Für Sets gilt dasselbe. Stoffsets verringern zwar die Wäschemenge. Vor allem, wenn sie aus pflegeleichtem Material, Kunststoff oder Kork, sind. Sets kann man auf dem Tisch liegenlassen. Aber sie müssen von Zeit zu Zeit abgewischt werden, wie der blanke Tisch.
John Grisham ist nicht nur für Spannung gut. Ein sehr praktischer Tip aus der Serie »Der Klient« von Reggie Love: Sandwich, Toast oder das Butterbrot einfach auf der Papierserviette servieren. Und selbst das läßt sich noch optimieren. Die unaufwendigste und zugleich umweltfreundlichste Art, Tischdecken zu umgehen, nannte uns eine liebenswerte Freundin, der wir derartige Faulenzpraxis eigentlich nicht zugetraut hatten. Da fällt sogar das Einkaufen der Papierservietten weg: Sie deckt den Tisch

mit gebrauchtem, einseitig beschriebenem Papier von Manuskripten, Konzepten, Briefen. In ihrem Beruf der schreibenden Zunft fällt viel Altpapier an, zumal im praktischen DIN-A4-Setformat. Das kann man wunderbar auf dem Schreibtisch ausbreiten und die Teekanne oder den Vitaminsaft darauf stellen. Auch die Tasse Kaffee. Das eignet sich ebenso wunderbar beim Sonntagsfrühstück fürs Tablett. Schaut der Freund allzu erstaunt-unwillig, gibt es für ihn oder andere Gäste die Möglichkeit, sich Stoffsets aus dem Schrank herauszusuchen. Die Manuskriptblattsets landen hinterher bekleckert oder unbekleckert im Altpapier – umweltfreundlich. Die unbeschriebene Seite ist auch für das Servieren von Pizza oder Hamburger gesundheitlich unbedenklich, zumal wenn es sich um chlorfrei gebleichtes Recyclingpapier handelt.
Heißt es bei Tischdecken so wenig wie möglich, gilt das auch für Geschirr und Besteck. Minimierung muß stets das oberste Gebot für Hausarbeitsfaule bleiben. Sie sparen mit Geschirr und Besteck, wo Sie können. Ein Teller für alle Gerichte. Höchstens noch ein Frühstücksbrettchen. Becher statt Tassen sparen Untertassen. Hitzefeste Gläser die Tassen, weil man Kaffee wie Wasser daraus trinken kann. Teelöffel nur für die, die Zucker verwenden. Gießen Sie die Milch zuerst in die Tasse, sparen Sie die Kaffeelöffel. Keine Gabeln, wenn ein Messer reicht. Becher oder Gläser für den ganzen Tag am Platz stehenlassen. Bei der Benutzung von Sets aller Sorten: Bloß nicht vergessen, das Geschirr fleckendeckend zu stellen.
Speisen nicht aus dem Topf in die Schüssel geben und dann servieren. Topf oder Pfanne gehören auf den Tisch. Das hat etwas rustikal Einfaches. Aufschnitt aus der Kühl-

dose spart Teller und Handgriffe. Noch arbeitsparender: Salami oder Gaudamer gleich mit dem Einwickelpapier auf den Tisch legen.
Wünschen wir uns nicht alle oft ein »Tischleindeckdich«? Das sich von selbst mit sauberem Tuch, Geschirr und Besteck deckt wie im Märchen? Das uns zu Gesottenem in Schüsseln gleich noch das Glas mit rotem Wein hinstellt? Das Tischleindeckdich müßte dringend erfunden werden, vielleicht in einem jener kreativen Momente, die wir dem Tischdecken durch Nicht-Tischdecken abgerungen haben.
Nicht nur, wie Sie essen, auch wo und was Sie essen, sollten Sie unter arbeitsaufwendigen Aspekten des Tischdeckens betrachten. Auswärts essen, so haben wir herausgefunden, kommt bei Dolcefarniente- und Resis-Tante-Typ und selbst beim Lässi-Typ aller Couleur am meisten an. Da muß der Tisch weder gedeckt noch abgeräumt werden. Also frühstücken bei McDonald's oder im Café. Zu Hause essen Sie wegesparend in der Küche. Oder an der Küchentheke.
Da Kochen im nächsten Kapitel ausführlich behandelt wird, hier nur geschirrsparende Gesichtspunkte: Achten Sie beim Einkauf von Fertiggerichten auf Behälter, aus denen gleich gegessen werden kann und die Sie hinterher nur in die gelbe Mülltonne werfen. (Nichts für zartbesaitete Umweltgemüter.) Geschirr jeder Menge bleibt auch durch die Pizza, die das Pizza-Taxi bringt, im Schrank.
Tischdecken für eine ganze Mahlzeit spart auch der sogenannte Brunch, eine Mischung aus Frühstück und Mittagessen. Besonders fürs Faulenzen am Wochenende sehr geeignet.

Und denken Sie daran: Geschirr, vor allem Tassen, sollte grundsätzlich stapelbar sein. Das erspart Hin- und Herlaufen.

Jawohl, wir haben alle Tassen im Schrank.

In einem Abwasch

Wohl dem, der – ohne Rücksicht auf sein Portemonnaie – auf so einfache Weise ums Spülen herumkommen kann wie Hilde Domin im »Haus unsrer Wünsche«, die nach dem Genuß von gebratenen Enten und Frühlingssalat nicht etwa spült, sondern die Teller zum Fenster hinauswirft. Der überwiegenden Mehrheit bleibt nach dem Essen nichts anderes übrig als der Abwasch. Denn wo gehobelt wird, fallen Späne. Und wo gegessen wird, fällt schmutziges Geschirr an. Wie man mit diesem harten Gesetz des Lebens umgeht, hängt davon ab, was und wie wir essen, ist eine Frage von Reichtum und Kultur.

Wer will schon gern seine Hände im Spül haben?

Wer das Geschirr schon beim Tischdecken minimiert, minimiert zugleich den Abwasch. Doppelter Grund, die aufwandsparendsten Vorschläge in die Tat umzusetzen. Durch das, was Sie auf den Tisch bringen, läßt sich eine Menge Faulenzzeit erreichen. Auswärtsessen. Fastfood zum Mitnehmen. Pizza-Taxi. Fertiggerichte oder Tütensuppen.

Eine Menge Abwasch oder nicht ist auch eine Frage der Tischsitten. Sage mir, wie du ißt, und ich sage dir, wieviel du abwaschen mußt – so einfach ist die Sache. Leider haben unsere im Laufe der Jahrhunderte reinkultivierten Eßmanieren nicht zu einer Geschirrminimierung beigetragen. Das Gegenteil ist der Fall. Da reicht nicht die Polenta auf dem Tisch, von der jeder mit der Hand seinen Teil abnimmt. Oder die Schüssel in der Mitte, aus der sich jeder mit seinem Löffel bedient. Die Lammkeule oder das Kotelett in der Hand, von denen abgebissen wird. Der Humpen oder das Glas, die die Runde machen.
Haben Sie bei der Schwiegermutter heimlich gegrinst, wenn sie die sauberen Untertassen nach dem Kaffeestündchen wieder einsammelte? Jetzt sehen Sie den Vorgang im Rahmen der Geschirrminimierung in einem anderen Licht. Haben Sie Namensbecher bisher kitschig gefunden? Jetzt erkennen Sie deren heimlich faulen Zweck. Sie geben morgens für alle Familienmitglieder Gläser, Becher, Tassen mit Namen aus, die für den ganzen Tag reichen müssen. Sie lassen die Espressotassen morgens auf dem Tisch stehen, wenn Sie mittags wieder einen trinken wollen.

Sind die Gläser nicht sauber?
Egal. Hauptsache, Sie schenken reinen Wein ein.

Je gourmet- und menühafter und reinkultivierter gegessen wird, desto mehr Geschirr fällt an. Da gibt es auf reinlichem tischdeckenden Linnen außer dem flachen Teller den Teller für Vorspeise, für Suppe, für Salat. Ein Tellerchen oder Schüsselchen fürs Dessert. Nicht zuletzt gibt es

Platzteller, für eben jene unterschiedlichen Teller und Schüsselchen riesige Platzhalter, die in keine Spülmaschine passen und kein Kleckern verhindern. Denn auf das reine Leinen wird gekleckert, so oder so. Wer so reinkultiviert ißt, läßt den Pokal nicht kreisen. Der stellt für alle Esser nicht nur ein, sondern mehrere Gläser hin, für Weißwein und Rotwein, für Wasser und Sekt, und der versorgt sie mit reichlich Besteck, das alle ohnehin nur verstört, weil kaum noch einer weiß, in welcher Reihenfolge es zu benutzen ist.

Lassen Sie solche Tischsitten unter den Tisch fallen. Es ist ohnehin nicht jederfraus und jedermanns Sache, den marinierten Hering mit maniriertem Fischbesteck zu bewältigen. Ihr Motto sei im Rousseauschen Sinne: Zurück zu mehr Eßnatur! Also zurück zu einer mehr einfach bäuerlichen Art des Verzehrs. Speisen Sie nicht, essen Sie wieder. Gutbürgerlich, wie man so sagt.

Essen Sie mit Ihren Gästen ganze Menüs? Wollen Sie sich das wirklich trotz aller anderen auch dagegensprechenden arbeitsökonomischen Gründe antun? Dann wie bei Dorffesten in Frankreich: alles von einem Teller, der zwischendurch mit Brot immer wieder saubergewischt wird. Vorteilhaft, weil man so auch die leckeren Soßen mitessen kann. Wein oder Wasser aus einem Glas, das nicht nur formschön ist, sondern hinterher auch den heißen Kaffee vertragen kann. Oder den Goutte, den selbstgebrauten Schnaps.

Abwasch macht Arbeit. Je nachdem, was wir gegessen haben, ist Abwasch reinste Drecksarbeit. Für Faule und solche, die es werden wollen, gibt es daher nur eins: Wenn schon Abwasch, dann abwaschen lassen.

Von der Spülmaschine. Denn zum Glück wartet unsere Reinkultur auch mit Apparaten auf, die die Drecksarbeit für uns erledigen. Von Hand gespült müssen Sie bei einem Vierpersonenhaushalt täglich mit einer Stunde Abwaschzeit rechnen. Die Spülmaschine braucht zwar genausoviel Zeit, Sie aber fürs Ein- und Ausräumen nur eine Viertelstunde. Sie sparen demnach durch eine gängige Spülmaschine mit einem Fassungsvermögen von zwölf Maßgedecken täglich eine Dreiviertelstunde, die Sie in der Hängematte verbringen können.

Wenn Sie unsere Ratschläge beachten, können Sie Ihre Freizeit weiter maximieren. Geschirrminimierend essen, dann auch zeitsparend ausräumen und das für die nächste Mahlzeit benötigte Geschirr gleich wieder auf den Tisch und nicht erst in den Schrank stellen.

Eine dreiviertel Stunde Abwaschen kostet Energie. Auf die Energiewaage gelegt, behauptet Cornelia Schlieper, die Fachfrau in Sachen Hauswirtschaft, entspricht die Energiemenge dem, was wir durch das Essen einer Apfelsine wieder ausgleichen könnten. Wir haben ausprobiert, daß der Genuß einer Orange in der Hängematte ohne vorheriges Abwaschen unvergleichlich mehr Genuß und Energie bringt.

Lassen Sie sich bloß nicht einreden, Spülmaschinen lohnten sich nicht für Singles. Wer das behauptet, hat noch nichts begriffen. Klar, Sie werden statt einmal am Tag vielleicht nur alle drei Tage spülen. Morpheus sei Dank! Das aber setzt den Besitz von mehr als einem Teller voraus, damit Sie auch über die drei Tage kommen. Aber es ist so bequem. Und glauben Sie uns einfach: Egal, welches Spülmittel Sie benutzen, spülmaschinensauber ist sauber

genug. Unnötig blödsinnig, mit dem Handtuch zwischen den Gabelzinken nach ekligen Resten zu suchen.
Auch wer die Spülmaschine für sich arbeiten läßt, sollte einige faule Grundregeln kennen: Grundsätzlich gehört alles in die Spülmaschine. Nur wenn die Maschine alles reinigt, können Sie sich einen faulen Lenz machen. Also kaufen Sie nur Geschirr, Gläser, Besteck, Töpfe und Pfannen, die spülmaschinenfest sind. Was nutzt Ihnen das Kristallglas, wenn Sie selbst Hand anlegen müssen, um den Durchblick zu erhalten. Oder der Teller mit Golddekor, wenn das Gold der Maschinenwaschkraft nicht standhält und restlos beseitigt wird. Die Tasse mit Oberglasurmalerei, die sich nach drei Waschungen in reinweißes Geschirr verwandelt. Oder Silberbesteck, wenn es in der Spülmaschine zu Aluminium mutiert.
Aber auch bei diesem technischen Tellerwäscher ist Geschirrminimierung angesagt: Je weniger Geschirr benutzt wird, desto seltener müssen Sie ein- und ausräumen. Für das Bestücken der Spülmaschine mit dreckigem oder für das Ausräumen von trockenem Geschirr gelten alle Tips, die Sie fürs Abwaschen allgemein unten finden.
Wenn Sie schon Hand an den Abwasch legen müssen, achten Sie schon beim Kauf von Geschirr, Porzellan, Gläsern, Besteck auf glatte Oberflächen und schlichte Formen. Rillen sind schwer und nur arbeitsaufwendig zu reinigen. Sie verzichten auf Email, weil es ohnehin nur Risse kriegt, die Schmutz anziehen. Oder auf Silberbesteck, das Sie putzen müßten. Wer bei Tisch nicht durch geistreiche Gespräche, sondern durch Silberbesteck glänzen möchte, dem empfehlen wir die Plastiktüte zur Aufbewahrung solchen Bestecks. Darin läuft garantiert nichts an.

Apropos: Wenn Sie abwaschen, kommt der schmutzigste Gegenstand zum Schluß dran.
Wenn Sie per Hand abwaschen, brauchen Sie unbedingt einen Abtropfer. Nehmen Sie ein hübsches Design, vielleicht aus Edelstahl, das zum Schmückstück Ihrer Küche wird. Vor allem beim Wandmodell können Sie das Geschirr bedenkenlos darin stehen lassen, bis es das nächstemal gebraucht wird. So kommen Sie ums Wegräumen herum.
Wer keine Spülmaschine hat – der Kosten wegen vielleicht oder der Umwelt zuliebe – macht seinen Abwasch noch lange nicht alleine. Männer lassen Frauen abwaschen. Weil sie es so gewöhnt sind. Weil sie von ihren Müttern verwöhnt sind. Weil sie einen schweren Arbeitstag hinter sich haben. Weil just nach dem Essen die Tagesschau oder die Sportschau läuft. Weil sie zu ungeschickt sind und Bruch machen.

Scherben bringen nicht Glück, sondern Freizeit.

Frauen lassen Männer abwaschen. Weil es ihre Mütter ihnen so vorgemacht haben. Weil sie ihre Hände schonen wollen. Weil sie sich wenigstens vom Abwasch emanzipiert haben. Weil er Hausmann ist. Weil sie ja schon all den anderen Dreck wegmachen müssen. Weil sie ihre Hände nicht mit dem neuen Superspülmittel, das sich um die Hand wie ein Schutzhandschuh legt, pflegen wollen. Weil sie die Hausarbeitstatistik zugunsten der Frauen verändern wollen.
Geschlechtsunabhängig lassen viele – so unsere statistische Erhebung – abwaschen, weil sie dringend pinkeln

müssen, zumal wenn beim Abwasch Töpfe und Pfannen an der Reihe sind. Oder weil sie sich lieber mit anderen Dingen die Hände schmutzig machen.

Eltern lassen ihre Kinder abwaschen, aus erzieherischen Gründen. Das macht sich gut als Vorwand, es nicht selbst tun zu müssen. Damit die Kinder den Ernst und Abwasch des Lebens kennenlernen. Damit sie Hilfsbereitschaft lernen. Damit sie sich daran gewöhnen. Damit sie als erwachsene Singles nicht abwaschdumm dastehen.

Trotz aller Ideologie: Geben Sie nicht klein bei. Seien Sie kein weiblicher oder männlicher Waschlappen. Verdrücken Sie sich aufs Klo. Zu einem wichtigen Telefonat ans Handy. Torsten, der ein Herz für Jugendliche zeigt, gibt hier noch Ratschläge für alle unter achtzehn: Argumentiert gegen den Abwasch mit Schularbeiten, die unbedingt gemacht werden müssen. Mit dem schwierigen Referat. Mit der Klassenarbeit am nächsten Tag.

Das ist wichtig für alle Abwascher, ob groß, ob klein:

Laßt nichts anbrennen.

Und das Abtrocknen? Da ist jedes weitere Wort überflüssig. Luftgetrocknet ist – wie bei Schinken und Nudeln – am besten.

Leichten Kaufs davonkommen: Einkauf

Einkauf und Einkauf ist nicht dasselbe, unterscheidet sich sehr wohl durch die unterschiedlichen Anteile von Lust und Frust. Den Einkaufsbummel, der uns die topmodische

Bluse, den Trendsetteranzug bringen soll, empfinden wir nicht als Hausarbeit. Einkaufsrummel und Einkaufsbummel sind zwei sehr unterschiedliche Seiten einer Medaille. Butter und Bettzeug, Pullover und Pizza, Spielzeug und Sprudel. Eine Menge Dinge fallen an, die wir zum Leben brauchen, die uns für Arbeit wie Freizeit unerläßlich scheinen. Die unser Leben lebenswert machen. Die nicht zuletzt aber auch das Chaos anrichten, das Sie als aufmerksame Leserinnen und Leser von *Wer putzt, ist selber schuld* nun tolerieren und als neuen Lebenstil akzeptieren. Oder das Sie hinterher, vor Wut über das angerichtete Chaos schäumend, aufräumen müssen.

Die Dinge fürs Tägliche unterliegen den Gesetzen von Verbrauch und Verschleiß. Das täglich Brot hat den Zweck, gegessen zu werden, und muß darum dauernd neu gekauft werden. Die Socke, die wir täglich tragen, bekommt Löcher und muß ersetzt werden. Der Einkauf fürs tägliche Allerlei sollte auf keinen Fall in Dauerstreß ausarten.

Unglaublich, aber wahr: Rund 30 Milliarden Kilometer fahren die Bundesbürger jährlich mit ihrem Auto für den Einkauf. So stand es in der *ZEIT*. Es sind die Bundesbürgerinnen, die meist für den Einkauf, vor allem für den täglichen Kleimkran, zuständig sind. Sehen wir von Singles ab, ist Einkauf auch heute noch vorwiegend Frauensache. Frauen sind die Leid- und Einkaufstütentragenden in einer Zeit, wo den Tante-Emma-Laden das Zeitliche gesegnet hat.

Deshalb fordern wir Sie auf: Seien Sie eine faule Kundin, ein fauler Kunde!

Auf dem Weg dahin kommen Sie um etwas Mengenlehre nicht herum. Die Menge bestimmt die Menge des Einkaufs.

Wägen wir den täglichen Einkauf gegen Wocheneinkauf, Kauf bei Bedarf gegen Vorratshaltung ab. Teilmengen, das liegt auf den Hand, summieren die Wege, die der Wocheneinkauf spart, die der monatliche Großeinkauf noch weiter minimiert. Also nicht heute das Paket Spaghetti und morgen das Paket Makkaroni. Kaufen Sie Ihren Nudelbedarf für die ganze Woche, den ganzen Monat ein. Großpackungen haben überdies Preisvorteile, die auch Singles sich zunutze machen sollten.

Die Menge des Einkaufs wird auch durch Konsumverhalten bestimmt. Je konsumorientierter Sie sind, desto größere Mengen fallen an. Das ist zwar gut für die Volkswirtschaft, aber schlecht für faule Kunden. Sie brauchen es ja nicht gleich so weit zu treiben, daß Sie sich der Bewegung »Kreative Sparsamkeit« anschließen, wie sie auch die Holländer Hanneke van Veen und Rob van Eeden proklamieren, die sich damit noch »reich knausern«. Lassen Sie einfach soviel weg wie möglich. Kaufen Sie sowenig wie nötig.

Kaufen Sie immer im selben Supermarkt ein, weil Sie sich sagen: Wo du dich auskennst, kannst du schneller einkaufen. Verzweifelte Suche nach Maggi oder Mostrich und doppelte Wege fallen weg. Selbst den Einkaufszettel können Sie auf Ihren Supermarkt abstimmen. Sie wissen ja, in welcher Reihenfolge Sie Blumenkohl, Brot, Papiertaschentücher und Waschpulver finden. Zeitgewinn.

Ja, wir empfehlen den Einkaufszettel. Eine kleine Mühe, die sich auszahlt. Es ist erwiesen, daß der weniger einkauft, der sich daran hält. Und wer weniger kauft, braucht weniger Einkaufstüten zu packen, zu tragen, Treppen hochzuschleppen und auszupacken und wegzustellen.

Fauler Praxis Vorschub leistet dabei der permanente Zettel an der Pinnwand oder der Kühlschrankfront, auf den Sie immer gleich schreiben, was benötigt wird, was gekauft werden muß.
Wer den monatlichen Großeinkauf bevorzugt, wird bedauern, daß bei uns keine amerikanischen Verhältnisse herrschen: service wird nur klein geschrieben. Wir müssen die Einkaufswagen selbst packen, bis zum Auto schieben, dort aus- und wieder einpacken. Und das Ganze zu Hause noch einmal umgekehrt.
Wo service klein geschrieben wird, muß vor allem frau andere Möglichkeiten nutzen, den Eigenanteil am Einkauf zu reduzieren. Trotz eifrigen Bemühens ist es uns nicht gelungen, Kind und Kegel so munter und wohlgelaunt zur Einkaufssache zu bewegen wie diese Fernsehwerbungsfamilie, wo selbst noch der Hund freudig schwanzwedelnd den Waschmittelkarton zum Auto schleppt.
Das Stichwort heißt Arbeitsteilung. Lassen Sie sich beim Einkaufen nicht nur helfen. Teilen Sie sich den Einkauf. Er sucht den Wein aus, sie schleppt den Sprudelkasten? Nein, das gehört der Vergangenheit an. Sie schreiben getrennte Einkaufszettel. Drücken ihm einen davon und die Mark für den Einkaufswagen in die Hand. Sie gehen im Supermarkt getrennte Wege. Damit entgehen Sie übrigens auch seinen Kommentaren über Nutzwert und Notwendigkeit der von Ihnen gekauften und gebrauchten Dinge. Das ist übrigens ein gutes Argument, ihm den Einkauf ganz zu überlassen. Ein schlechtes Gewissen brauchen Frauen dabei nicht zu haben. Ihnen wird der Einkauf ja oft genug unter flauen Vorwänden wie Unabkömmlichkeit in Firma oder Verein aufgehalst.

Er kann dann immer noch die Nummer »Hilfloser Mann« abziehen, die Torsten von seinem Freund Jürgen hat. Der stellt seine Einsneunzig mit Einkaufszettel mitten in den Supermarkt und blickt blauäugig ratlos um sich. Frauen mit ausgeprägtem Helferinnensyndrom – Vorsicht, sehr ausgeprägt bei Hausbienen – eilen herbei und füllen automatisch seinen Einkaufswagen. Und es gibt eine Menge davon.

Ein Trick, den man Frauen nicht abnimmt. Ziehen Sie lieber die Nummer »Schwache Frau« aus der Trickkiste. (Okay, das ist nicht neu, wirkt aber immer noch Wunder!) Appellieren Sie an seine Stärke! Wenn es darum geht, die Sprudelkästen aus dem Auto zu heben, die Lammkeule oder ein Pfund Zucker fünf Treppen hochzutragen.

Apropos: Getränke in Mehrweg- oder Einwegflaschen, in Dosen oder Plastik, daran scheiden sich die Geister. Hier, wo Faulheit mit dem Umweltgewissen in Konflikt kommt, können wir faulen Gewissens sagen: Mehrwegflaschen sparen den Gang zum Container, das Sortieren in Weiß, Braun und Grün.

Geringer wird der Zeit- und Kräfteaufwand für den Einkauf durch Lieferservice, der mancherorts doch noch gang und gebe ist. Lassen Sie sich alles Mögliche ins Haus bringen. Getränke. Tiefkühlprodukte. Obst, Eier oder Brot. Nutzen Sie die Anbieter in Ihrer Wohngegend.

Noch bequemer ist der Einkauf vom Sofa aus. Per Katalog, Telefon und Internet spart er Wege, das Schleppen über Treppen. Kaum etwas, das es nicht per Ferneinkauf zu kaufen gibt. Für den Haushalt, für die Freizeit, ob sportlich oder technisch ausgerichtet. An Kosmetik. An Mode. Vorsicht allerdings bei solchen Katalogen, die Wünsche und

Bedürfnisse wecken, von denen wir vor dem Blick auf die Hochglanzseiten gar nichts gewußt haben. Da schlägt das Schnäppchen dem faulen Kunden allzu leicht ein Schnippchen.

Auch der Einkaufsbummel kostet Zeit, kann lästig werden, und es gibt Tricks, sich selbst den zu ersparen. Gerade Kleidung ist ein nicht zu unterschätzender Faktor beim Einkauf. Bedeutet Einkaufen mit einer Menge Zahlen im Kopf, von Kragenweite über Körbchengröße und Schrittlänge. Bedeutet Einkaufen unter erschwerten Bedingungen, weil da jeder mitreden möchte. Auf sein Mitspracherecht pocht. Oder darauf verzichtet, aber nicht aufs Meckern, weil ihr oder ihm etwas nicht paßt oder gefällt. Die meisten Menschen unterscheiden dabei ein klares Drüber und Drunter. Ist ihnen das Drunter von der Unterhose bis zur Socke, vom BH bis zum elastischen Hüfthalter noch egal, stehen sie dem Drüber keineswegs gleichgültig gegenüber. Ein Dilemma für diejenigen, die für diese Einkäufe zuständig sind.

Lieber Leser, Hand aufs Herz: Ziehen Sie sich an? Oder lassen Sie sich anziehen? Fast jeder zweite Mann, so 1997 eine Umfrage der Zeitschrift *Textilwirtschaft*, läßt sich von seiner Partnerin einkleiden. Manch einer auch, ohne selbst anzuprobieren. Jeder siebte überläßt der Frau oder Freundin, mit der er zusammenlebt, den Einkauf seiner Socken und Unterhosen.

Um nicht nur seine Unterhosen und Socken nicht selbst einkaufen zu müssen, hat Torsten, der sich aus fauler Überzeugung an siebter Stelle in die Männerriege einreiht, noch einen wunderbar funktionierenden Schmeicheltrick auf Lager: »Mach du das doch. Du hast einen viel besseren

Geschmack.« Oder funktionell gesteigert, fragt er: »Du weißt doch am besten, was dich mehr stimuliert, Boxershorts oder heiße Tangas. Also such dir doch gleich selbst die richtigen aus.«

Da kann keine Frau widerstehen, behauptet er. Thea empfiehlt Ihnen, liebe Leserin: Wägen Sie ab! Sich geschmeichelt fühlen, weil er Ihrem guten Geschmack und Ihrem Gedächtnis für seine Konfektionsgrößen vertraut, das damit verbundene Machtgefühl oder der damit verbundene Lustgewinn – lohnt das den Aufwand, die Parkplatzsuche, das Herumgerenne, das Drücken und Schieben durch Kaufhäuser, den Ärger mit den Verkäufern, das Warten an der Kasse?

5 Kohldampf zu jeder Mahlzeit: Kochen und backen

Hunger ist der beste Koch. Das ist sprichwörtlich bei vielen Völkern. *Cibi condimentum est fames* lernten wir in der Schule, während wir heimlich das mitgebrachte Butterbrot verzehrten. *Hunger is the best sauce*, sagen die Engländer und Amerikaner und sind wohl deshalb Meister der Soßen, von Ketchup bis Relishsoße. Und auch die Franzosen wissen, wer beim Brot am häufigsten zugreift: *Qui a faim, mange tout pain.*

Der Hunger der anderen macht nicht die beste Köchin. Oder den besten Koch. Zwar sagt man guten Köchen beiderlei Geschlechts nach, daß sie selbst liebend gern äßen, Gourmets seien. Doch es gibt Ausnahmen, die dieser Regel widersprechen. Thea zum Beispiel ißt wahnnsinnig gern und gut, läßt aber lieber kochen und vom Kochtopf die Finger.

Denn Kochen bringt Chaos in die Küche. Weil wir Töpfe und Pfannen brauchen, Löffel und Bratenheber, Rührschüssel und Mixer. Weil die Kinder uns dazwischenfunken. Immer etwas wollen, Saft oder eine geputzte Nase, helfen und Hilfe bei den Schularbeiten. Trost oder ein Pflaster auf das wundgeschlagene Knie brauchen. Weil der Schornsteinfeger kommt oder ein Einschreiben. Weil wir außer dem Mittagessen gleich noch Sauerkirschen einmachen oder die Torte für Schwiegermutters Geburtstag backen müssen.

Küchenchaos – für das Frauen bei Männern oft kein Verständnis finden. Wo er mitredet, obwohl er schweigen müßte. Wo er kein Wort verlieren dürfte, aber seine feierabendlich gute Laune angesichts des Küchentohowabus verliert. Küchenkakophonie. Angesichts derer er das chinesische Strategem fünf benutzt, die im Chaos befindliche Gegnerin angreift, um unangreifbar zu bleiben und Hilfsappelle zu vermeiden. Mit Blicken, die beredter sind als Worte und ihr ein schlechtes Gewissen machen, moniert er die mangelnde Organisation. Die Ordnung, die hier fehlt, aber nicht in seinem Büro, wo die Sekretärin seine Kaffeetasse spült, die Kaffeemaschine säubert, den Kaffeefleck wegwischt, den er auf die Schreibtischunterlage kleckert.

Das Küchenchaos, das kochende Männer oft mit Pilzspaghettis oder mit Trüffeln an Chateauneuf-du-Pape anrichten. Und das Frauen hinterher beseitigen müssen. Weil diese männlichen Kochwunder zwar genialisch Gerichte kreieren, sich aber für die Niederungen von eingebrannten Soßenspritzern und angebrannten Töpfen nicht zuständig glauben.

Die Küchenfee, so es sie gäbe, machte uns Äpfel im Schlafrock.

Allem zum Trotz ist Kochen bei Frauen und Männern die beliebteste Hausarbeit. Wird, unseren Erhebungen nach, häufig sogar gar nicht als solche angesehen. Unser Rat für Frauen und Männer, für die Faulenzer der Küche: Meiden Sie das Küchenchaos, wo immer Sie können. Wir sprechen uns nicht gegen schmackhafte Gerichte aus. Aber gesundes Mißtrauen ist angebracht, wenn man Ihnen Stunden um Stunden am Herd schmackhaft machen will. Mit Umfragen, mit getürkten Fotos in Zeitschriften. Wie hieß es doch gleich vom Institut für Demoskopie in Allensbach? *Der Mann an Herd und Waschmaschine ist vielseitig interessiert, gesellig und hat eine ausgeprägte Persönlichkeitsstärke.* – Ein gefundenes Fressen für die Frauenzeitschrift, die gleich das passende Foto abdruckt: Da steht Er. Neben dem Herd auf dem Ablaufbrett der Spüle vier Teller mit Reibekuchen. Ein Schüsselchen mit roter Tomatensoße auf einer Kochplatte, an die Er leichthändig per Pfeffermühle letzte Hand anlegt. Und auf dem Herd, blankgeputzt und weiß und ohne jeden Fettspritzer von eben diesen Puffern, eine so saubere wie leere Pfanne, in der mit Sicherheit diese flachen Dinger nicht gebrutzelt haben. Grün vor Neid könnten da alle werden, die – unabhängig vom Geschlecht – zu den Kochchaoten gehören. Deren Küche hinterher wie ein Schlachtfeld aussieht. Nein, auf so etwas fallen Sie nicht herein!

Schleichen Sie also um den Kochtopf wie um den heißen Brei. Nutzen Sie alle Möglichkeiten, ums Kochen herumzukommen. Die Kantine, die Mensa, das Restaurant, die Kneipe, den Schnellimbiß. Essen bei der Freundin, beim Freund, bei Muttern. Oder Vatern.

Selbst wenn Snacks im Schnellimbiß für Singles die Notlösung sind, wie die Studie der Gesellschaft für Konsumforschung in Nürnberg herausfand, machen Sie sich immun gegen solche Abwertungen. Wollen Sie etwa wie mehr als die Hälfte der Frauen und ein gutes Drittel der Männer am Wochenende den Schnellimbiß meiden und selbst kochen? Aus falsch verstandenem Selbstverständnis

heraus einen Lifestyle produzieren, der mit Arbeit verbunden ist, die Sie genauso gut zugunsten einer Laissez-faire-Haltung lassen könnten?
Geben Sie anderen Gelegenheit, das Beste aus sich herauszuholen. Es gibt genügend Menschen, deren Liebe zum Kochen hoch entwickelt ist. Sie ziehen aus dem Kochen eines delikaten Bäckaoffas, eines gelungenen Sauerbratens die Bestätigung wie andere aus dem Schreiben von Büchern oder dem Sieg im Vereinstennisturnier. Hauptsache, ihren Lieben oder ihren Gästen schmeckt es. Sie braten und brutzeln und schneiden und schnipseln, daß es für sie eine wahre Lust und für andere ein wahrer Genuß ist. Nutzen Sie das aus, schamlos. Schmarotzer? Parasit? Schnorrer? Von wegen. Hauen Sie tüchtig rein! Jeder Teller mehr ist für solche Köchinnen und Köche Erfolgsbestätigung. Mit jedem Happen steigern Sie das Selbstwertgefühl des anderen.

Die Küchenfee, so es sie gäbe, machte uns Hoppelpoppel für die Hängematte.

Auch Verwandtenbesuche, die Einladung bei Freunden, bei Bekannten, bei Nachbarn sehen Sie nun mit anderer Zunge. Wenn sie Ihnen sonst nichts bringen, bringen sie Ihnen wenigstens eine Mahlzeit, die Ihnen das Kochen oder Backen erspart. Grünkohl mit Pinkel, das Stück Sekttorte. Und wenn Ihnen jemand vom Übriggebliebenen etwas zum Mitnehmen offeriert, sagen Sie danke und sacken Sie ein, den Kuchen, das Kotelett, den Krautsalat. Auch im Restaurant sollten Sie keine Scheu vor Eingepacktem haben. Sagen Sie einfach, das Kotelett sei für den

Hund, wenn Sie sich nicht trauen, zuzugeben, daß Sie den Rest selber essen wollen.

Es bleiben noch genügend Gelegenheiten, bei denen Sie kochen müssen und vor denen Sie sich nicht drücken können. Essen hält Leib und Magen zusammen. Kochen hält leider nur auf. Wie aufwendig Kochen ist, wieviel Zeit Sie mit Suppen und Soßen verplempern, hängt einmal ab von dem, was Sie essen, und zum anderen davon, wieviel Sie an Energie und Zeit für die Zubereitung benötigen.

Statt Kochkunst lieber Kunst im Kopf.

Küche ist nicht gleich Küche. Die Küche für Menschen, die mit einem Minimum an Einsatz ein Maximum an Eintopf erreichen wollen, muß optimal eingerichtet sein. Für den Hausarbeitsplatz Küche gelten arbeitsökonomische Gesichtspunkte. Sie glauben gar nicht, wieviel Wege Sie sparen können, wenn Spüle, Herd und Arbeitsfläche zweckgünstig angeordnet sind. Für Rechtshänder gilt, so die Empfehlung der Hauswirtschaftswissenschaft:

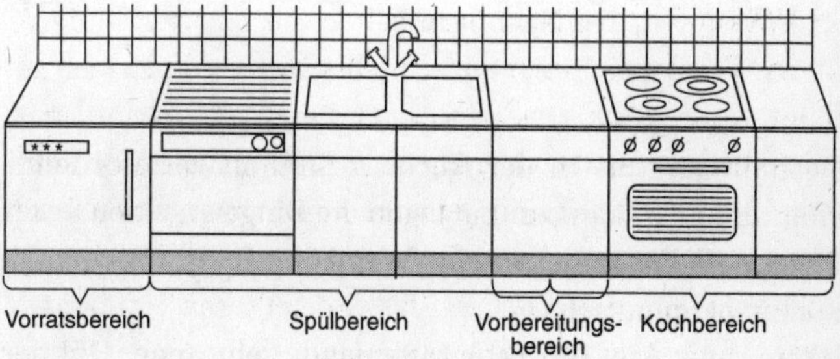

Für Linkshänder umgekehrt.

Ein großer Unterschied also, ob Sie beim Zubereiten des Mittagessens in Ihrer Küche 180 Meter oder 75 Meter zurücklegen. Sparen Sie noch mehr Kraft und Zeit, indem Sie Geräte und Vorräte grifffreundlich in Küchenschränken und Regalen unterbringen. In vertikale oder horizontale Griffnähe, was Sie zum Kochen benötigen. Außer Reichweite nach ganz oben und nach ganz unten, was Sie selten und nach dem Lesen dieses Buches nie wieder brauchen: den Entsafter zum Beispiel. Die faule Faustregel heißt: Bloß keinen Handschlag und keinen Fußstand zuviel.

Deshalb sitzen Sie, wo immer es geht. Deshalb wird der Arbeitsablauf dem Bewegungsablauf angepaßt. Auf daß sich die Hände wenig kreuzen. Rechtshänder arbeiten von rechts nach links. Linkshänder? Umgekehrt.

Also: Kartoffeln links – Schüssel für Schalen in der Mitte – Topf rechts:

Deshalb sind Sie in der Küche ausnahmsweise ordentlicher als sonst, hängen und legen die Dinge an einen festen Platz, und das immer wieder. Wenn überhaupt, kochen Sie küchenökonomisch.

Wenn uns wie im Schlaraffenland gebratene Hühner, Gänse und Tauben von selbst ins Maul flögen? Oder – wie

Goethe meinte – wenn sie sogar noch »geschickt zerschnitten« wären? Wäre das nichts? Leider nur ein Traum für Dichter und Drückeberger.
Jede Mahlzeit erfordert die sogenannte Rüst- und Reinigungszeit, wie der Fachjargon das nennt. Was tun? Wir beide, Thea und Torsten, sind zwar gern rüstig, aber von Natur aus und aus Überzeugung gegen jede Art von Aufrüstung und Zurüstung. Deshalb gehen wir dieses heikle Thema nur sehr widerwillig an. Es wäre so einfach, wenn wir sagen könnten: Wer nicht selbst rüsten und reinigen will, rüstet die Küche auf. Überläßt der Technik, was die Handarbeit spart. Kartoffeln schälen? Möhren schrubben? Käse reiben? Rühren, passieren, kneten? Schaum schlagen oder mixen? Ganz einfach.
Diese einfache Sache hat aber einen Haken. Wer Maschinen einsetzt, muß sie hinterher säubern. Technisch gerüstet heißt rüstig gereinigt: die Moulinex, den Rührquirl, den Mixer, den Passierstab. Die Kitchenaid wird leicht zur Kitchenpain. Ganz zu schweigen von dem zeitraubenden Lesen der Betriebsanleitungen, das notwendig wird, wenn wir unseren technischen Maschinenpark optimal einsetzen wollen. Mehrere von uns sorgfältig durchgeführte Berechnungen kamen zu dem Ergebnis: Wer glaubt, daß er mit Technik spart, der wird genarrt. Selbst die hochgepriesene Mikrowelle ist zeitaufwendig, wenn sie fachgerecht mit Kochplatten und Backofen eingesetzt wird.
Fazit: Bringen Sie nur leicht und schnell zu reinigende Geräte zum Einsatz. Am besten: selbstreinigend.
Nutzen Sie, was Ihnen die Rüst- und damit Reinigungszeit erspart. Überlassen Sie diese Hausarbeit ruhig den Herstellern der Fertigprodukte. Lassen Sie sich das Rüsten der

Zutaten zu Suppen und Snacks ruhig von den Herstellern des Conveniencefood abnehmen.
Convenience – ein Wort, das nicht nur Torsten auf der Zunge zergeht. Convenient, so bequem wie angenehm. Machen Sie dabei keine faulen Kompromisse. Natürlich ist fertig besser als halbfertig, halbfertig besser als fix und fertig durch Kochen.

Auch kleine Fische gibt's in blanken Dosen,
die man wie Schnäpse jach hinunterstürzt.

(Carl Zuckmayer: Das Essen)

Was spricht gegen Pizza oder Gulasch aus der Tiefkühltruhe? Gegen tiefgekühltes Eis oder Tiramisu zum Nachtisch? Was gegen Hüttensnacks? Ochsenschwanzsuppe aus der Dose? Oder Thunfisch? Was spricht gegen Kartoffelbrei? Gegen Champignoncremesuppe aus der Tüte? Doch allenfalls, daß sie den Löffel verknotet.
Sie befürchten dabei Geschmacks- oder Gesundheitseinbußen? Keine Angst vor Fastfood: Auch alternativ vollwertig gibt es jetzt vieles, wovon Kochmuffel wie Thea schon lange geträumt haben: den fertigen Pizzaboden, die Grünkernbratlinge, Sojawürstchen, Maistortillas und die Vollwertfettuccine.

Falscher Hase erspart Ihnen das Jagen, und die Verlorenen Eier findet bestimmt der Osterhase.

Wenn Sie unbedingt selbst Hand beim Rüsten anlegen wollen, beschränken Sie es wenigstens auf das Minimum, das

Ihnen niemand abnimmt. Nicht nur in Ferienländern werden geputztes Gemüse oder mundgerechtgemachter Salat im Supermarkt angeboten. Geschälte Kartoffeln oder Möhren im Glas. Gemüse und Fleisch in Tüten aus der Tiefkühltruhe. In der Sache sind sich Thea und Torsten einig: Salat vorgewaschen und geputzt, Gemüse tiefgekühlt heißt auch gerüstet.
Rationalisierung ist kein fauler Zauber, sondern ein Zauberwort. Das fängt, wie Sie schon gelernt haben, beim Einkauf an. Auch Nachdenken ist rationell. Machen Sie sich vorher über das, was Sie tun wollen, Gedanken. Eine Investition, die sich lohnt und als verkürzte Arbeitzeit zweifach, dreifach wieder zurückkommt. Rationalisieren Sie Ihre Handgriffe. Nehmen Sie jedes Ding nur einmal in die Hand. Verstauen Sie nach einem Einkauf in der Küche, was Sie in der Küche brauchen. Und nicht im Wohnzimmer. Also Zitronen im Netz nicht erst in der Obstschale auf dem Couchtisch, wenn Sie mittags Zitronensoße machen wollen. Sondern gleich das Netz aufschneiden und die Zitronen griffbereit auf den Arbeitsplatz in der Küche. Neue Sprudelkästen in den Keller bringen? Selbst wenn ein anderer sie hinunterschleppt, wechseln Sie gleich die leeren Flaschen, die auf dem Kühlschrank stehen, gegen die vollen aus. Neue Seife fürs Bad? Erst hinbringen, wenn Sie ohnehin aufs Klo müssen.
Rationalisierung ist das Zauberwort, das für jede Art der Hausarbeit absolutes Muß sein sollte. Auch in der Küche für die Vorratshaltung. Seien Sie faul wie ein Hamster. Legen Sie sich Vorräte an. Kartoffeln, Nudeln, Reis. Marmeladen, Eis, Obst und Gemüse. Tiefgekühlte Kost aller Kategorien. Halten Sie sich dabei an faule Prinzipien.

Nur selbstgekocht
ist Vorrat Verrat.

Kirschen aus dem Glas, selbstgekochte Marmelade, sauer eingelegte Gurken oder Sauerkraut – für viele Frauen scheint es noch ein absolutes Muß, sich im Sommer und Herbst mit Bergen von Obst und Gemüse einzudecken, um sie fachgerecht in Gläser zu stecken. Sie stöhnen über die Arbeit. Über den süßen Dampf, der ihnen beim Marmeladekochen in die Nase steigt, ihnen die Frisur verdirbt, und sind doch eine Hansi Dampf in allem Eingemachten geworden. Durch Selbstbetrug, daß Selbstgemachtes besser schmecke. Durch den ökonomischen Fehlschluß, daß selbsteingemachter Spargel Haushaltsgeld spare. Durch frauenfeindliche Ideologien, daß Einmachen frauliche Kreativität freisetze, sagt Thea, die seit ihrer Kindheit Marmeladen widersteht.
Psychologisch verständlich ist es ja, wenn Ihnen angesichts gefüllter Keller und Speicher die Angst, verhungern zu müssen, abhanden kommt. Wenn Ihnen beim Anblick säuberlich beschrifteter Gläser in Reih und Glied die Brust schwillt. Hausarbeit, die so wenige dauerhaft erfolgversprechende Momente hat – hier zeigt sich sichtbar der Erfolg Glas um Glas, Dose um Dose. Hier kann frau sich beweisen. Dennoch steht arbeitsökonomisch fest: der Aufwand steht in keinem Verhältnis zum Ergebnis.

Wenn schon, dann gehen Sie anderen
ans Eingemachte.

Kaiserliches Frühstück für Morgenmuffel: Mango und Melone

Ob kontinental oder englisch – hier scheiden sich die europäischen Geister. Andere Länder, andere Frühstückssitten. Ob Spanien, Italien oder Frankreich – man begnügt sich morgens mit schwarzem oder Milchkaffee und einem Croissant oder Chorizzo. Oft auf dem Weg zur Arbeit. In Madrid etwa ist das schnelle magere Frühstücken in der Bar obligatorisch.

Klar können Sie bei McDonald's frühstücken gehen und sich einen Teufel darum scheren, was die Familie frühstückt. Ein Ausweg, über dessen werbewirksame, familienfreundliche wie moralische Wirkung die Meinungen auseinandergehen. Aber schließlich heißt es ja: frühstücken wie ein Kaiser. Und gehört es nicht zum kaiserlichen Frühstück, daß wir uns von vorn und hinten bedienen lassen? Klar können Sie den Kindern einfach Geld in die Hand drücken und sich vorm Frühstückmachen drücken. Klar können Sie ungefrühstückt ins Büro kommen und sich von der Sekretärin den Kaffee kochen und das Brötchen schmieren lassen. Doch für die meisten heißt es aus unterschiedlichen Gründen: Selbst ist die Frau, der Mann.

Wenig frühstücken ist mehr an Freizeit, länger schlafen. Frühstückmachen bedeutet früher aufstehen. In welchem Ausmaß Frühstückmachen Hausarbeit bedeutet, liegt auch am Frühstück. Mit allem Drum und Dran, vom weichen Ei bis zum selbstgepreßten Saft, vom Toast bis zur selbstgekochten Marmelade, bedeutet eben auch Hausarbeit mit allem Drum und viel Dran.

Aufwand- und abwaschsparend ist dagegen auch in der Familie das Frühstücksbüfett.
Damit Sie länger schlafen können, nehmen Sie Fertigmüsli statt selbstgefertigtes Müsli. Ins Müsli Banane statt Apfel oder Orange, die viel aufwendiger zu schälen sind. Wie wäre es mit dem reinen Obstfrühstück? So starten Sie den Tag auf sonnige Art zum Beispiel mit sonnengereifter Banane und Melone gemischt, dazu Mandeln als Mineralstoffspender. Oder paradiesisch exotisch: Mango. Allerdings: auch die Mango will geschält sein.
Daß viele Köche das Porridge verderben, sollten Sie nicht glauben. Damit das Frühstückmachen nicht an Ihnen hängenbleibt: Nutzen Sie in Partnerschaft und Familie Teamwork. Oder spielen Sie beim Frühstückmachen *Bäumchen, Bäumchen wechsle dich.* Bilden Sie Frühstücksgemeinschaften mit guten Freunden. Nachbarn. Das verteilt die Lasten und mindert das Machen.

Besser kollaborieren als kollabieren in der Küche.

So kommen Sie ganz ums Frühstückmachen herum: Verdingen Sie sich als Frühstücksunterhalter. Ein Tip, erfahrungsgemäß für Singles besonders geeignet. Wenn Sie vor Geistesblitzen sprühen, ersparen Sie sich Frühstücksmühen. Und sind bei anderen gern gesehener Gast.

Königliche Kochmuffelkunst für mittags

Wer nicht arbeitet, soll auch nicht essen, fordert Paulus in der Bibel. Da sind wir ganz anderer Meinung. Durch konsequentes Weiterdenken sind wir zu dem Grundsatz für faule Querdenkerinnen und Querdenker gelangt, die nicht selber schuld sein wollen: Wenig arbeiten und trotzdem gut essen.

Verfahren Sie nach diesem Grundsatz. Sie haben die Arbeit schließlich nicht erfunden, und deshalb sollten Sie nicht ganze, sondern halbe Arbeit leisten. Mit einfachen und schnellen Gerichten kommen Sie einfach schneller in die Hängematte. Warum eine aufwendige Lasagne, wenn Pellkartoffeln mit Quark weniger Arbeit machen? Oder Kartoffeln mit Butter? Oder Kartoffeln mit Salat? Hat nicht Matthias Claudius schon im *Wandsbecker Bothen* davor gewarnt, daß Pastete und Lekkerbrot das Blut verdicken und Magenbeschwerden machen? Kartoffeln für die ganze Familie als »Magenpflaster« empfohlen?

Nichts einfacher als das. Überhaupt Kartoffeln. Im Sinne der Rationalisierung natürlich Pellkartoffeln statt Salzkartoffeln. Das versteht sich von selbst und ist noch gesünder. Jeder pellt selbst. Und selbst das Pellen können Sie sich sparen. Zumindest bei Biokartoffeln. Allerdings schrubben Sie da wieder mehr. Pellkartoffeln mit Quark ist urberlinerisch. Auch Pommes frites sind Kartoffeln, obwohl widernatürlich viereckig in Form geschnitzt. Klar, daß Sie schnitzen lassen und nicht selber Hand an die Kartoffelstäbchen legen. Ein Vorrat gehört in die Tiefkühltruhe.

Ich will dir was erzählen
von der alten Mählen:
wenn sie keine Kartoffeln hat,
kann sie keine schälen.

(Neckvers für Kinder)

Kartoffeln mit Stippe entspricht Ihren Vorstellungen von einem königlichen Mittagessen nicht, das uns der Volksmund empfiehlt? Na gut.
Auch gut: Gurke, Möhrchen, Tomaten und anderes Gemüse als Rohkost. Unaufwendig rüsten, und Sie dürfen sich sogar brüsten, sich und Ihrer Familie etwas Gutes zu tun. Behaupten die Päpste der Vollwerternährung doch: Je naturbelassener, desto gesünder sei die Nahrung. Also kommen Sie über das Rüsten nicht hinaus. Es wird weder erhitzt, noch konserviert, noch präpariert, allenfalls gewaschen, zerpflückt und zerschnitten und mit Öl garniert.

Rohkost oder Bofrost ist keine Frage.

Eintöpfe – schon der Name sagt es – werden in einem Topf gekocht. Das bringt weniger Abwasch und meist weniger Aufwand. Werfen Sie ruhig alles in einen Topf. Das gleiche gilt für Suppen. Übrigens:

Was ist eigentlich so schlimm
am Haar in der Suppe?

Sie machen beim Kochen besser keinen Aufstand, sondern Auflauf. Wie Eintopf und Suppe gehört er zu den Ein-Topf-Gerichten. Einmal präpariert, schieben Sie ihn in den Ofen

hinein und können ihn vergessen, bis die Schaltuhr Sie erinnert, daß er fertig ist. Auflauf brauchen Sie nicht einmal umzurühren.
Daß Sie auf Schnellkochtopf oder Dampfkochtopf zurückgreifen, steht, sofern sie einfach zu handhaben sind, außer Zweifel. Für superschnelle und supereinfache Gemüsegerichte nehmen Sie den Vapeur. Dampfgegart wird Zeit gespart. Wie auch durch die Schnellkochplatte. Überhaupt, wenn es ums Kochen geht, machen Sie sich jede arbeit- und zeitsparende Technik und Masche zunutze.
Eigner Herd ist Goldes wert, wenn er gut ausgerüstet ist, mit Bratröhre, Mikrowelle und Schaltuhr. Und damit Sie nach dem Kochen nicht dumm in die Bratröhre gucken, nutzen Sie alles, was der Markt bietet, um Verschmutzungen zu verhindern: Sie garen den Hecht in der Bratfolie. Sie decken den Schweinebraten mit Folie ab. Sie grillen draußen am offenen Feuer, nicht unter Infrarot im eigenen Herd.
Sie nehmen nicht nur jede Gelegenheit wahr, durch Fertig- oder Halbfertigprodukte rationell zu sein, Sie nehmen Fastfood auch in Ihrer Küche wörtlich. Schnell heißt einfach. Sonst stimmt etwas nicht. Einfache Gerichte zeichnen sich durch wenig Handgriffe und noch weniger Zutaten aus. Dafür steht die Bistroküche. Oder so flotte und gut gemachte Kochbücher wie *Schnell zubereitet – verführerisch gut. Köstliche Gerichte in fünfzehn Minuten* von Knaur. Trotzdem, machen Sie es wie wir: Gerichte, für die mehr als fünf Zutaten benötigt werden, lassen Sie einfach ungekocht.
Lieben Sie es, nach Rezepten aus Zeitschriften zu kochen? Kein Problem. Die kommen Ihren faulen Absichten entge-

gen und geben meist die Zubereitungszeit an. Ihre Richtschnur: nie mehr als eine Viertelstunde.

Sie sind kein Heimchen am Herd – weder heimisch noch heimlich am Herd

Rationalisierung schreiben Sie groß, wenn es ans Rüsten und Rösten geht. Beispielhaft für alles gilt: Der Zweck heiligt die Mittel. Zweckgünstig Zuckererbsen als Zutat wählen statt Erbsen, die Sie auspalen müssen. Sonst nur Erbsen tiefgekühlt. Sie schneiden Gurken in Stücke statt in Scheiben. Was am längsten kocht oder brät, rüsten Sie zuerst. Das spart Wartezeit.

Noch ein sehr heißer Tip: Lassen Sie die Zeit für sich arbeiten. Hunger ist der beste Koch. Wer Hunger hat, kocht schließlich selbst.

Nachtisch? In die Hängematte. Wenn es ein Nachtisch sein muß, mit Banane oder Apfel. Oder Eis aus dem Kühlschrank.

Schnell vergessen: Abendessen

Nicht ungeküßt, aber unbekocht kannst du auch schlafen gehen. In der schon zitierten alten Volksweisheit, die Essen mit Gesundheitsaspekten verknüpft, heißt es schließlich: Morgens wie ein Kaiser, mittags wie ein König, abends wie ein Bettelmann. Halten Sie sich daran.

Je weniger Sie abends essen, desto weniger müssen Sie zubereiten. Und wenn Ihnen dann der Magen knurrt?

Knabbern Sie notfalls beim Fernsehen Knuspriges. Allerdings, die optimale Lösung ist das nicht. Es geht auf Kosten der Kilo, die Sie auf die Waage bringen, und der Kilo, die Sie einkaufen und nach Hause schleppen müssen. Dann lieber doch ein Butterbrot, das sich jeder selbst schmiert.

Wenn Sie sich schon in Arbeit stürzen, dann auf leichte Weise mit leichter Kost, um wenigstens die Nachtruhe zu sichern. Sie kennen alle das Phänomen: Ein voller Bauch studiert nicht gern. Aber offensichtlich schläft er auch nicht gut. Wenn Faulenzern wie uns sonst nichts heilig ist, unsere Nachtruhe lassen wir uns wie unsere Tagruhe nicht rauben. Nur wenn wir zum Essen eingeladen sind, auswärts essen gehen, vergessen wir leichten Herzens leichte Kost und unsere Grundsätze.

Nicht für den faulen Lenz, aber für den langen faulen Feierabend hier Torstens Vorschlag: Nie später als um sechs zu Abend essen.

Bevor wir uns nun mit der Sahneseite der Kochkunst befassen, den Plätzchen und Torten, den Kuchen und Broten, noch ein grundsätzliches Wort zum Kochen und Backen. Die statistische Erhebung, die Kochen zur beliebtesten Hausarbeit erhebt, muß Sie wie uns stutzig machen. Viele fühlen sich dazu berufen. Aber – behaupten wir und haben wir festgestellt – wenige sind auserwählt. Wird Frauen und Männern etwa das Kochlied schon an der Wiege gesungen? Ist in unseren Genen die Fähigkeit für Zwiebelkuchen oder Spaghetti angelegt? In der DNA vielleicht? Nein. Koch wie Bäcker sind Lehrberufe. Im Haushalt aber haben wir es mit Millionen von laienhaft operierenden Köchinnen und Köchen, Bäckerinnen und Bäckern zu tun, die ihre mangelnde Ausbildung mit ideologischen Weisheiten verbrämen, verdecken: »Selbstgekocht und selbstgebacken schmeckt einfach besser.«

Ganz falsch. Viele Köche verderben den Brei. Und wo viele kochen, gibt es Konkurrenz in der Küche. Deshalb für den täglichen Küchenkampf noch eine Typenkunde, die Sie gegen Psychoterror in der Küche stärkt.

»Nach Hausmacherart« bleibt uns nichts erspart.

Kochkünstler wie Kochchaoten kann man grundsätzlich in drei Arten einteilen. Ordnen Sie sich richtig zu!

1. Gehören Sie zu denen, die könnten, wenn sie wollten? Denen aber jeder Löffel zu schwer in der Hand und jeder selbstgebratene Braten, selbst wenn er geraten ist, zu schwer im Magen liegt? Weil sie den Müßiggang dem Gemüsegang vorziehen? ❑

Hier ist jedes weitere Wort überflüssig, weil Sie schon verinnerlicht haben, was wir für Sie anstreben: die richtige faule Einstellung.

2. Gehören Sie zu denen, die wollten, wenn sie könnten? Die bei Prise an Südwind denken? Für die das Kauderwelsch jedes Kochbuchs unverständlich bleibt? Gehören Sie zu den Frauen, die beim *Unentbehrlichen* an den Mann für schwache Stunden, zu den Männern, die bei der *Küchenfee* an die Nachfolgerin von Claudia Schiffer denken? ❑

Ist die Einstellung auch zweifelhaft, so ist doch die Auswirkung zu loben. Jede Änderung des Ist-Zustandes ist müßig. Bleiben Sie, wie Sie sind. Unkenntnis schützt vor Strafe nicht, aber vor Kochen.

3. Gehören Sie zu denen, die glauben, sie könnten? Die mit missionarischem Eifer den mißglückten Sauerbraten servieren? Die uns, wild auf anerkennendes Lob, eine grünbleiche Masse als Grünkernquiche vorlegen? Oder zähledernes Rindfleisch als Tafelspitz auftischen? Die sich zu Weihnachten nichts sehnlicher als eine Küchenschürze wünschen? ❑
Bei Ihnen, fürchten wir, ist Hoffnung und Malz verloren. Für die, die mit Ihnen zusammenleben müssen, bleibt nur eins: die Zähne zusammenbeißen.

In die Röhre geguckt: brutzeln und backen

Nicht jeder Sozialisation müssen wir uns widersetzen. Im guten faulen Sinn sollten wir ernst nehmen, was uns schon auf dem Mutter- oder Vaterschoß gepredigt oder vorgesungen wird, und damit Ernst machen.
Backe, backe Kuchen, der Bäcker *hat gerufen* – ohne uns wiederholen zu wollen: die Betonung liegt auf Bäcker. Er ist der Fachmann für Brötchen und Brot, für Plätzchen und Kuchen, Teilchen und Torten.
Im Haushalt backen meistens Frauen. Knackfrisch, aber backfaul backen sie – wenn überhaupt – aus vorgefertigten Mischungen Omas Zupfkuchen oder Großmutters Blaubeertorte. Sie greifen auf vorgefertigte Tortenböden und Torteletts zurück.
Und wenn Sie dieser unerklärliche Zwang zum Selberbacken überkommt und weder Thea noch Torsten helfen: Es gibt schnelle und einfache Rezepte, die noch dazu auf Menge aus sind. Zum Beispiel Zitronenkuchen.

Zutaten: je 200g Margarine, Zucker, Mehl – $^1/_2$ Päckchen Backpulver – 4 Eier – Saft von 2 Zitronen – 150g Puderzucker

Herstellung: Margarine, Zucker, Eier, Mehl und Backpulver in eine Rührschüssel geben. Mit dem elektrischen Quirl auf höchster Stufe zwei Minuten verrühren. Den Teig auf ein mit Backpapier ausgelegtes Blech streichen. Im vorgeheizten Ofen bei 200 Grad 10 bis 15 Minuten auf mittlerer Schiene backen. Den Zitronensaft mit dem Zucker verrühren und über den noch heißen Kuchen verteilen. Abkühlen lassen. (Das geht auch mit Orangensaft, dem Sie ein bißchen Orangenlikör beimischen. Nur gut, wenn Sie den sowieso im Haus haben. Bloß nicht extra kaufen.)

Wunderbar ist auch Brandteig für Brandeilige.

Wenn Sie schon backen, dann mit Blick auf Vorrat. Wenn etwas von der bäckerfeinen Schwarzwälder Kirschtorte oder dem Zitronenkuchen übrigbleibt, essen Sie es nicht mit Gewalt auf. Oder am nächsten Tag, weil der Kuchen ja bezahlt ist. Oder Sie ein Leckermaul sind. Das zahlt sich nicht aus. Besser, Sie frieren die Reste für den nächsten Besuch ein. Torsten, ein Meister im Verdrücken und Schneiden von Tortenstücken, meint, sorgfältiger Schnitt bei Torten zahlt sich so aus: kleiner ist gemeiner.

Um das Säubern von Blechen, Formen und Förmchen zu vermeiden, Plätzchen und Kuchen grundsätzlich auf Backpapier backen. Und das Backpapier mehrmals verwenden, weil das einkaufsparend und umweltfreundlich ist.

Verdammt, es ist schon schwer, in der Weihnachtszeit nicht backaktiv zu werden. Da backen auch die, die es überhaupt nicht können. Andere fühlen zu bestimmten Gelegenheiten, wie Kindergeburtstag, Besuch der Schwie-

germutter, diesen Drang, dieses unbestimmte Muß. Schluß damit.
Frauenzeitschriften spucken so automatisch Rezepte für Weihnachtsplätzchen aus wie im Januar die Diätvorschläge, um die Plätzchenpolster wieder loszuwerden. Sie machen uns diese Schwerstarbeit mit Appellen an kreative Gaumenfreuden schmackhaft. Um sich nicht auf das Glatteis der Beschäftigungstherapie mit Backförmchen locken zu lassen, hier Tips, mit denen Sie wieder sicheren Boden unter die Füße gewinnen:
Wenn die Kinder klein sind, hat Plätzchenbacken allenfalls soziale Funktion. Leisten Sie den lieben Kleinen Gesellschaft, aber keine Hilfestellung. So wird der Backzwang schon im Keim erstickt. Rechnen Sie die Menge genau aus und bestimmen Sie den Verbrauch. Sonst klappern die letzten hartgewordenen Plätzchen noch im März in Dosen. Und dafür haben Sie doch nicht in die Hände gespuckt.
Und halten Sie es mit Hillary Clinton, die so richtig schön und hausarbeitsfeindlich gesagt hat, als erfolgreiche Anwältin plane sie nicht, im Weißen Haus Plätzchen zu backen.

Faule Tips für feine Feste

Der faulste Trick aus Torstens Gästebuch: Lassen Sie sich einladen.
Gastgeberin oder Gastgeber zu sein, hat aber auch seine Reize. Der neue Perser, die Superstereoboxen, der TV – was nützen sie, wenn sie nicht vorgeführt werden, wir uns nicht in Besitzerstolz, in der Bewunderung anderer son-

nen können? Nur zu gern zeigen wir, was in uns, in unserer Wohung und unserem Portemonnaie steckt. Nicht immun gegen solche Selbstbestätigungsversuchungen bestehen auch die Bequemsten auf Gastfreundschaft.

Mit einigen faulen Tricks machen Sie es sich und Ihren Gästen richtig schön.

Ermuntern Sie Ihre Freunde zu Überraschungsbesuchen. Sie wissen ja, da bedarf es nur eines Küßchens oder zwei. Damit Ihre Gäste auch wirklich überrascht sind, zeigen Sie sich von Ihrer großzügigen Seite und finden beim Küssen kein Ende.

Auch nicht schlecht ist die Überraschungsparty, bei der jeder etwas zum Trinken und Essen mitbringt. Aber Vorsicht, wenn dann Wünsche nach Besteck und Tellern laut werden. Bestehen Sie darauf, das ja alles nur improvisiert ist. Warum nicht Pappteller, Plastiklöffel? Und wer seinen Salat schon in der Glasschüssel mitbringt, der nimmt sie zum Schluß gleich wieder mit und kann sie auch zu Hause spülen.

Laden Sie ein zum Bier oder zum Glas Wein. Da reichen Chips und Kräcker aus der Tüte.

Zu Ihrem Lifestyle gehören leckeres Essen und lockerer Talk in kleinen Freundesrunden? Also Gäste zum Essen, gar zu ganzen Menüs? Sie gehören zu den 60 Prozent der Singles, die Essen und Trinken als Ausdruck eines bestimmten Lebensstils betrachten, wie der Bonner Wirtschaftssoziologe Wilhelm Ott herausfand? Oder zu den Jointlys, denen es nicht anders geht? Wieder ist hier unser Rat: Rationalisierung. Am besten bereitet sich jeder Gast seine Ration selbst: beim Grillen, beim Raclette, beim Fondue. Auch nicht schlecht: Haben Sie für eine Einladung ein

Menü zusammengestellt, das leicht zu handhaben ist und lecker mundet? Vielleicht kalten Spinatsalat mit Parmesan, Putenbrust an Fenchelgemüse, Feigen in Rotwein? Halten Sie sich auch bei der nächsten Einladung daran. Und bei der übernächsten. So lange, bis alle Freunde einmal in den Genuß dieses Menüs gekommen sind. Notfalls im Kalender durch ein Stichwort festhalten, was es bei einer Einladung zu essen gab. Verführerische Anregungen für schnelle Menüs gibt auch Knaurs schnelles Kochbuch (siehe Seite 99).

Kleine Tricks, mit denen Sie sich ins rechte Gastgeberlicht rücken, so behaupten wir, sind dabei durchaus erlaubt. Ohne schamrot zu werden, geben Sie den Tiefkühlspinat als frischen aus. Das ist so beeindruckend wie unkontrollierbar (wenn Sie nicht gerade einer Ihrer Gäste im Supermarkt an der Tiefkühltruhe erwischt). Eine Notlüge, die Stimmung und Atmosphäre hebt. Weil jeder Mensch sich geschmeichelt fühlt, wenn ein anderer seinetwegen Aufwand treibt.

Also stilisieren Sie sich – schamlos unehrlich – zur erstklassigen Köchin, zum Koch mit Klasse durch das kalte oder warme Büfett von der Kalten Mamsell, dem renommierten Partyservice. Es macht viel her, aber wenig Arbeit. Sie müssen nur die Anlieferzeit so berechnen, daß der Wagen mit der Firmenaufschrift nicht mehr vor der Haustür steht, wenn Ihre Gäste kommen. Der Partyservice gibt auch seine Geheimnisse preis – also fragen Sie ruhig, damit Sie Ihren Gästen die Zubereitung einer besonders gelungenen Soße erklären können. Oder dezent auf die Häppchen hinweisen können, die besonders gut schmecken, wenn Sie selbst die Tabletts herumreichen. Noch besser –

kein Handschlag zuviel –, die Gäste sich selbst bedienen lassen.
Große Feste, viele Gäste, manchmal kommen Sie nicht darum herum. Ob Hansis dreißigster oder Omas siebzigster Geburtstag, ob Hochzeit, Beförderung oder Jubiläum, Weihnachten oder Silvester. Arbeitsparend verfahren Sie bei Festen und Gästen aller Art, wenn Sie mit der Einladung Hinweise geben, welche Arbeit die Vorbereitung machen wird. Appellieren Sie mehr oder weniger versteckt an die Hilfsbereitschaft anderer. Unter Helfersyndrom in mehr oder minderer Ausprägung leiden mehr Menschen, als Sie vielleicht glauben wollen. Für Menschen mit eindeutigen Helfersymptomen reicht ein verstecktes Seufzen »Na ja«, von einem zweifelnden Kopfwiegen begleitet. Für Abgestumpfte müssen Sie schon schwerere Geschütze auffahren, verzweifeltes Lächeln zu Worten wie »Ich weiß wirklich nicht, wie ich das alles schaffen soll«. Bei ganz Hartgesottenen kommen Sie um ein Aufstöhnen »Mir wächst alles über den Kopf« nicht herum.

Ein Alphateam für Herd und Kühlschrank?

Ohne Abwasch ist dem Küchenchaos, das wir mit dem aufwendigen Büfett oder einem einfachen Kotelett angerichtet haben, nicht beizukommen. Doch mit dem Abwasch sind wir schon im vorigen Kapitel fertig geworden. Kochkünstler wie Kochchaoten aber klecksen und kleckern auf dem Herd, in der Backröhre, im Kühlschrank. Das Reinigen des Herdes ist ein Dauerthema durch dauernd ange-

brannt und eingebrannt. Gekleckste Brandzeichen unterschiedlicher Farbe schmücken die Herdplatten, je nachdem, ob Sie Tomatensoße oder Milch gekocht haben.
Wenn Sie nicht gerade ein Verhältnis mit Meister Proper oder Dr. Beckmann haben, müssen Sie den Herd selbst reinigen. Wenigstens obendrauf. Selbst das Cerankochfeld. Der beste Tip: Lassen Sie nichts überkochen.
Für den Backofen innen ist selbstreinigend das Stichwort, das Sie vom Selbstreinigen erlöst. Die Technik fordert in diesem Fall zwar Energieverschwendung, aber wenigstens verschwenden Sie nicht Ihre Arbeitskraft. Selbstreinigend gibt es Herde, Mikrowellen und Kühlschränke. (Übrigens findet Thea selbstreinigende Partnerinnen und Partner auch nicht schlecht.)

Die sauberste Lösung:
Sein Süppchen am Feuer anderer kochen.

Den Grillheizkörper im Backofen, falls Sie ihn doch einmal benutzen möchten, braucht man zum Glück nicht zu reinigen. Die hohen Temperaturen verbrennen den Grillschmutz.
Ein selbstreinigender Kühlschrank? Wunderbar. Aber wer glaubt, Tropfen von Milch und Saft, Fettflecken und Schimmelfladen verschwinden von selbst, der irrt gewaltig. Selbstreinigend heißt hier nur, der Kühlschrank taut von allein ab.
Wer noch selbst abtauen muß, dem kann geholfen werden: Bei Speisen im Kühlschrank immer schön den Deckel drauf. Sonst muß, weil die Feuchtigkeit verdampft, öfter abgetaut werden. Wenn Sie abtauen, dann im eiskalten

Winter. Aus welchem kühlen Grunde? Ganz einfach: Da können Sie die eingefrorenen Lebensmittel einfach nach draußen legen, statt sie mühselig in Zeitungspapier zu wickeln oder in Wannen kühl zu lagern.
Um die Wartezeit, in der Sie ja – nach unserer Devise – etwas anderes an Hausarbeit tun müßten, abzukürzen, stellen Sie eine Schüssel mit heißem Wasser ins Gefriergerät, um den Abtauvorgang zu beschleunigen. Einfach cool!

6 Die putzige Wochenschau: fegen, saugen, wischen, bohnern, polieren, Bad und Küche putzen

Staubsauger brummen, Besen schwingen, Lappen wischen, Staubtücher wedeln, Schwämme kratzen. Über Stunden und Stunden. Freitag ist Putztag. Da wird gefegt, gesaugt, gewischt. Gebohnert, geglänzert. Da werden Becken und Kloschüssel geschrubbt und poliert. Da mutiert die Ehefrau oder Geliebte zur Putzfrau. Noch schlimmer – zum Putzteufel. Pfui Teufel! Wahrlich kein reines Vergnügen. Wenn Mann auf dem Sofa gemütlich die Beine baumeln läßt, gerät er in Gefahr, daß der Staubsauger sie abfräst. Wenn Mann mit Behagen ein Sandwich belegen will, ist der Zugang zum Kühlschrank durch Wasserlachen versperrt.

**Wer in Teufels Küche kommt,
begegnet dem Putzteufel.**

Freitag ist Putztag. Und sie ist dran, die putzige Wochenschau in deutschen Haushalten. Erbarmungslos rücken die freitäglichen Putzdrachen dem Dreck zu Leibe. Das ist nicht mehr feiertäglich. Da wird so manche Frau Saubermann zur Sauberfrau, auch ideologisch. Doch davon in Kapitel 15.

Es soll ja Frauen geben – sogar in der Nachbarschaft –, die diese Schau jeden Tag abziehen. Von ihnen ist hier nicht

die Rede. Denn wer die wöchentliche Putzschau zur alltäglichen macht, hat nicht nur einen Putzfimmel.
Unter die Hausarbeitslupe gelegt, erweist sich der Putztag als Schwarzer Freitag. Ist immer wieder und jede Woche Freitag der Dreizehnte. Ein Putztag, der seinen Anfang nimmt, bevor er zu Ende geht. Zählebig über Generationen tradiert. Immer freitags, erinnert sich Thea, wurde schon in ihrem Elternhaus mütterlicherseits gewischt und geschrubbt, dem Staub und Schmutz per Lappen und Eimer eins ausgewischt. Und jeden Freitagnachmittag wurde väterlicherseits in der frisch geputzten Küche gesägt und gehobelt, gehämmert und geleimt, daß sich die Balken bogen. Kein Ausnahmefall. In Millionen Haushalten dasselbe: Sisyphus in Gestalt des liebenden Ehemannes oder der reizenden Kinder bringt den Stein wieder ins Rollen.
Sicher, letztlich ist der Putztag eine saubere Sache. Es geht darum, aus dem gröbsten Dreck herauszukommen. Doch sind wir uns darüber im klaren, daß wir durch Putzen beschmutzen? Ist der Fußboden gewischt, haben wir den Schmutz im Eimer. Gießen wir den Eimer aus, haben wir ein schmutziges Becken. Säubern wir das Becken, haben wir einen schmutzigen Lappen. Spülen wir den Lappen aus ... haben wir wieder ein schmutziges Becken. Kurz, Putz macht Schmutz. Eine Weisheit, die wir uns gern von anderen bestätigen lassen. Von Europas knausrigsten Knausern zum Beispiel, den Holländern Hanneke van Veen und Rob van Eeden, die auch beim Putzen auf Spartrip gehen. Denn: *Wenn man etwas putzt, macht man immer etwas anderes schmutzig.* Auch aus diesem Grund ziehen sie das Schlampen vor und sind, wie wir, lieber faul.

Dreckbeseitigung produziert neuen Dreck. Daran wollen wir nicht selbst schuld sein. Allein deshalb lassen wir also den letzten Dreck das sein, was er ist: der letzte Dreck. Und das mit gutem Grund. So hoch liegt Dreck selten, daß wir bis über beide Ohren im Dreck sitzen. Oder kommt es bei Ihnen etwa vor, daß Sie jemanden aus der Familie oder sich selbst aus dem Dreck ziehen müssen? Na sehen Sie. Und ehrlich: Sind es nicht oft die Sauberfrauen und Saubermänner, die andere wie den letzten Dreck behandeln?

Ist sie überhaupt nötig oder ist sie überflüssig, die wöchentliche Putzschau? Unter der Devise *Gar nicht erst anfangen, damit das ein Ende hat* übersehen wir den Staub- und Schmutzstau. Machen wir frech wie Dreck weniger sauber. Üben uns in Toleranz und erweitern – notfalls mit dem Programm aus Kapitel 13 – unsere Toleranzgrenze gegenüber Schmutz und Staub. Schlimmstenfalls wendet sich der Gast mit Grausen bei jenen Gernfaulen, denen vor der wöchentlichen Putzschau graust.

Total verkehrt: Staub wischen, fegen und kehren

Du sollst Staub fressen wie unsere Muhme, die Schlange – wer diese Mephisto-Anweisung zur Staubbeseitigung nicht wörtlich nimmt, greift wenigstens allwöchentlich zu Staublappen und Staubsauger. Oder kehrt Flusen, Krümel und Sandkörner mit dem Besen zusammen.

Wer als Kind – Mädchen, behauptet Thea, wer sonst? – immer dazu verdonnert wurde, die Krümel unterm Tisch aufzufegen, krümelt nie wieder. Oder läßt sich gegen Krümel so etwas einfallen: Haben Sie Gäste, servieren Sie die Plätzchen in einer Schale, decken den Tisch für jeden Gast mit Teller und Serviette. Jeder Gast legt sich ein Plätzchensortiment auf seinen Teller, nimmt dann jedes Plätzchen einzeln auf die Serviette und führt es mit Serviette zum Mund. Wenn Sie das den Gästen genau erklären, kann zweierlei passieren: Ganz hartgesottene Krümler krümeln trotzdem; die können Sie vielleicht dazu bringen, gleich überm Papierkorb zu essen. Andere Gäste verkrümeln sich. Fegefaule sollten vom Besen besser die Finger lassen. Fegen ist eine haarige Sache und entfacht sisyphusische Staubwolken. Kehren Sie einmal Wollmäuschen und Staubflusen zusammen und versuchen Sie, was vor den Besenhaaren ist, auch dort zu halten. Und wenn Sie mit dem Kehrblech vor dem Zusammengefegten im Staub liegen, kriegen Sie davon ohnehin nur die Hälfte auf die Schippe.

Gut so: Sie nehmen nicht Dreck, sondern andere auf die Schippe.

Von wegen: neue Besen kehren gut. Was für eine unsinnige Lüge! Unter staubigen Aspekten betrachtet, fegen neue Besen nicht besser als alte. Wahrscheinlich meint der männliche Volksmund damit überhaupt: Ist *Sie* ein alter Besen, ist *Ihr* ein neuer unbedingt vorzuziehen.
Überhaupt haben Männer nie davor zurückgescheut, Frauen Hausarbeit mit Besenreisern schmackhaft zu machen. Vermutlich als Beschäftigungstherapie. Um sie mit Flusen ans Haus zu binden. Und damit sie den Besen nicht selbst in die Hand zu nehmen brauchten. Thea weist dergleichen

fesselnde und fusselnde Versuche unnachgiebig zurück und zitiert aus einer alten Schwarte mit Hausmannspoesie, in der ein Franz Wisbacher sein Mütterlein mit den holden Worten preist: »Seit 40 Jahren fegt dein Fleiß die altersgrauen Dielen weiß.« Thea fragt Sie, liebe Leserinnen, nachdrücklich: Wollen Sie es wirklich so weit kommen lassen?
Das Oberste nach unten kehren, wäre auch nicht schlecht, wenn es nur nicht so viel Staub aufwirbelte. Besteht die Gefahr, daß Sie das Fegefeuer packt, machen Sie es lieber wie der Zauberlehrling. Ein Vorschlag von Torsten: Zerhacken Sie die Besen. Sie haben den Vorteil, daß die Besenteile nicht wieder zusammenwachsen. Also: *In die Ecke, Besen, Besen!*

Wenn die Frau im Staube wütet,
fühlt der Mann sich nicht behütet.

In die Ecke damit, findet auch Thea. Einmal im Jahr, in der Nacht zum 1. Mai, holen Frauen ihn hervor und fliegen damit zum Blocksberg. Wer nicht mehr fegt, fliegt trotzdem. Die einzige Ausnahme bei Besen, die wir unter zeitsparenden und haushälterischen Aspekten akzeptieren, ist der Frisörbesen mit seinem Gummikopf. Was mühelos zusammenfegt, was Sie an Haaren lassen mußten, ist auch zu Hause dienlich, wenn die wollmäusigen Hundehaare schnell verschwinden sollen, weil Besuch kommt. Allerdings nur für geflieste Böden, Linoleum und Parkett zu gebrauchen.
85 Prozent der Männer, so hat unsere Statistik ergeben, ziehen das Staubsaugen aller anderen Hausarbeit vor.

Unter den befragten Frauen waren dagegen einige, die sagten: »Saugen hätte ich gar nicht als Arbeit gerechnet.« So oder so, Staubsaugen macht die Hände am wenigstens schnutzig. Ist von allen Putzarbeiten das kleinste Übel. Saugen können Frauen notfalls im Abendkleid oder Männer im Smoking. Nach dem Duschen oder in letzter Minute. Saugen erspart auch schon einmal das Wischen, und Lüften das Saugen. Haben doch Experten in Sachen Sauerstoffwerte festgestellt, daß durch Lüften zur richtigen Zeit Benzol, Stickstoff und andere krankmachende Stoffe vermieden werden. Das gilt auch für Staub. Öffnen Sie also das Fenster erst dann, wenn draußen am wenigsten Staub aufgewirbelt wird und die Luft am saubersten ist. Nach Meinung der Experten und unserer ist morgens um vier die Luft noch in Ordnung. Auch Gewitter reinigen die Luft. Also lüften Sie hinterher.

Staubfreie Luft ist am Tage verpufft.

Greifen Sie Staub möglichst nur mit dem Staubsauger an. Für Sie ist er ein Universalgerät, das Sie – so er handlich genug ist – leichten Herzens und mit leichter Hand überall dort einsetzen, wo es um Staubbeseitigung geht. Auf dem Teppichboden, auf dem Teppich, auf den Dielen oder der italienischen offenporigen Keramikplatte im Wohnzimmer. Ganz wesentlich ist hier das richtige Gerät. Handlich sollte der Staubsauger sein, aber nicht zu klein. Paßt in die Staubtüten nicht richtig etwas hinein, müssen Sie dauernd wechseln. Und bloß nicht zu schwer, damit Sie es beim Saugen leichter haben. Als Rucksack auf den Rücken geschnallt, geht uns zu weit. Es wäre ja noch schöner: Er besteigt das Matterhorn und sie den Staubberg! Was Sie brauchen, ist ein technischer Helfer, der gleitend saugt. Je weniger Widerstand Sie beim Führen des Staubsaugers spüren, desto besser. Ein Gerät mit Ecken und Kanten, das dauernd Anstoß erregt, erregt auf Dauer Ihren Zorn. Achten Sie also darauf, daß er rundlich geformt ist, einen Gummirand hat, so daß er nicht an den Möbeln unsanft anstoßen kann. Das beeinträchtigt den Gleitfluß und kostet Zeit.

Ein weiterer Vorschlag: Sparsaugen spart Saugen und Energie. Und zwar nicht nur elektrische, sondern auch körpereigene. Also nur alle vier Wochen unterm Bett. Wer Angst vor Staub im Schlafzimmer hat, dem empfehlen wir, sich weniger und vorsichtiger im Bett zu bewegen. Damit es nicht so staubt. Und damit Sie freitags bei der wöchentlichen Putzschau nicht denken müssen: Die Bettenschlacht um Mitternacht hat mir nur Arbeit eingebracht. Staubsaugen geht auch in den übrigen Räumen schneller, wenn Sie sich das Saugen unter Schränken, Regalen und Sofas oft genug sparen. Oder unsere staubstrategisch günstigen Vorschläge für Wohnungseinrichtungen aus Kapitel 2 in die Tat umgesetzt haben. Teppiche saugen Sie gegen den Strich, dann sehen sie sauberer aus.

Geht Ihnen das Saugen zu sehr gegen den Strich, hilft es vielleicht, wenn Sie sich und Ihren Staubsauger in Ihre Lieblingsfarbe hüllen und wie die Schlagersängerin Petra Perle, die mit ihrem Rex zusammen nicht nur schräge Schlager singt, ganz in Pink staubsaugend durch die Wohnung wirbeln.

Doch Sie bleiben mit dem Staubsauger nicht nur auf dem Teppich. Sie stecken ein Bürstchen auf den Saugrüssel und

stauben so das Bücherregal, den Nachttisch, das Büfett von Muttern, den Spiegel und den Schreibtisch ab. Das ist noch praktischer und schneller, als wenn Sie Torstens feuchten Lappen aus Kapitel 4 benutzen. Das wirbelt garantiert keinen Staub auf. Ist auch unerhört sauber bei schwarzen Möbeln, die Faulenzer wie wir aus arbeitsökonomischen Erwägungen gar nicht erst in ihre Wohnung stellen.
Fürs Staubbürsten wie fürs Staubwischen mit Lappen gilt: nur in Sichthöhe. Auf Schränken, Lampen, Türleisten und Bilderrahmen können wir uns großzügigere Zeiteinteilungen wie zweimal im Jahr leisten.

Der schnellste Weg: Kehren Sie alles unter den Teppich!

Saugend durch die Wohnung düsen? Um Himmels willen nein! Aber mit der richtigen Düse am Saugrüssel ab und an hinter der Heizung oder unterm Schrank, den schwer zugänglichen Ecken und Schlupflöchern, Staub dem Staubsauger einverleiben, das kann man machen. Bloß nicht zu oft. Schwer zugänglich heißt ja auch schwer einsehbar. Und falls Ihre Schwiegermutter prüfend mit dem Finger über die Bilderrahmen fährt – nehmen Sie einen Lappen und wischen Sie nach. Das verblüfft und wirkt und schützt vor Wiederholung.
Wir bezweifeln, ob sich ehemalige Bundeskanzler dafür so gut einspannen lassen wie ehemalige USA-Präsidenten. Jedenfalls hier Elton Johns Tip zur Hausarbeit in einem Interview: Ich bügele nicht, und ich wasche nicht ab, aber ich hole den Hoover, wenn der Boden verdreckt ist.

Ein einziges Wischwasch: wischen

Wohl Ihnen, wenn Sie Teppichböden haben. Das erspart Ihnen das Wischen und diesen Abschnitt. Sie lesen weiter auf Seite 120.

Theas Großmutter pflegte sich in die Brust zu werfen und mit Stolz zu behaupten: *Bei mir kann man vom Boden essen.* Wir haben das ausprobiert und fürchterlich unbequem und unpraktisch gefunden. Dennoch: Frauen mit diesem Anspruch und solchen Aussprüchen sollen noch nicht ausgestorben sein. Wir halten dagegen: Vom Boden essen, wer will das eigentlich?

Fürs Wischen und Schrubben brauchte man früher Schrubber und Aufnehmer. Die Zeiten sind zum Glück vorbei. Die Schrubber sind hoffentlich inzwischen den Weg alles Irdischen gegangen, und Sie sollten den Aufnehmer hinterherschmeißen. Oder schrubben Sie etwa noch? Wischmop oder Feudel sind viel leichter zu handhaben. Sie brauchen sich nicht zu bücken, um den Aufnehmer anzufeuchten und auszuwringen. Sie feuchten den Wischmop an und drücken ihn in dem Aufsatz am Eimer aus. Und dann wedeln Sie mit ihm über den Boden. Legen Sie sich rhythmische Musik dazu auf, dann wedelt es sich noch mal so gut.

Kindermund tat uns Wischen kund: »Mama macht das so.« Sie machen es genauso. Lassen Sie den nassen Aufnehmer auf den Boden fallen. Setzen Sie den rechten Fuß darauf. Und jetzt geht es los – nach Ihrer Lieblingsmusik bewegen Sie den Lappen unterm Fuß, eins, zwei, drei, vier, eins, zwei, drei, vier. Ist doch nicht schlecht als Tip für die Übergangszeit, wo Sie noch einen Aufnehmer und noch keinen Wischmop haben.

Böden? Wunderbar, wenn sie ein paar gewischt kriegen.

Haben die Wollmäuse oder die Staubflusen aber einmal überhand genommen? Hat Ihr Kuscheltier der besonderen Art kräftig gehaart? Dann haben Sie beim Wischen haarige Probleme. Da gibt es nur eins. Selbst wenn es zunächst nach Mehrarbeit aussieht – vorm Wischen saugen. Sonst bleiben Haare und Flusen im Wischmop hängen und werden durch ihn verwischt statt aufgewischt. Über den Hausarbeitsumfang mit Haustieren lesen Sie nach in Kapitel 10.

Reinigungsmittel oder nicht – da gehen die Meinungen nicht auseinander, wenn es darum geht, die faulste Wischmethode zu finden. Wer bei klarem Verstand ist, wischt mit klarem Wasser, um sich den Einkauf zu ersparen. Da fangen selbst die holländischen Knausermeister von der Freiheit an zu schwärmen, die uns das gibt und die wir meinen. Richtig, uns geht es wie Johanna von Orleans ohne Schrubber glänzend. Wir fragen auch eher verwundert: *Wie kommt denn solcher Glanz in meine Hütte?* Doch vielleicht gehören Sie ja zu den Unbelehrbaren, die in herkömmlichen Vorstellungen von Glanz und Gloria gefangen sind, deren Augen nur bei schimmernden Boden glänzen. Ihnen bleibt nichts anderes übrig, als zu glänzern. Nehmen Sie aber wenigstens eines jener Reinigungsmittel, die zwei in einem sind: die beim Wischen reinigen und zugleich Glanz auf Ihre Bodenfliesen legen und den Schmutz abstoßen.

Falscher Glanz: bohnern und polieren

Glanz auf den Böden, schimmernde Schränke, blanke Türen und blinkende Klinken – wo kommt dieser Hang zum Glanz bloß her? Es ist doch längst nicht alles Gold, was glänzt. Warum um Himmels willen wird so viel gewichst und gewachst, gebohnert und poliert, bis alles wie gelackt ist? Um darauf eine Antwort zu finden, müssen wir noch einmal auf den Anfang unseres Buches zurückkommen.

Richtig, wenn es strahlt und glänzt, schimmert, bis es flimmert, haben wir es mit einer Glanzleistung zu tun. Glanz *ist* Gloria. Im Bohnern und Polieren feiert die Reinkultur ihre glänzendsten Momente. Mit ihren Glanzlichtern Ordnung, Sauberkeit, Reinheit und Reinlichkeit schafft sie blinkende Oberflächen, in denen sie sich spiegeln können, die weißen Frauen und reinen Mütter, die reinen Jungfrauen und weißen Bräute, die dank Poliboy porentief reinen Madonnen der Hausarbeit. Porentief rein sind sie auf Reinheit programmiert und sozialisiert. Sie haben sich reinliche Männerphantasien, die wir schon anfangs monierten, so reichlich wie reinlich zu eigen gemacht.

Lustbefriedigung durch Glanz: Glänzen Sie doch mal im Gespräch.

Den Bohnerbesen über die Fliesen schieben? Abledern von Zimmertüren? Mit dem Lappen dagegen angehen, daß die Türklinken anlaufen? Mit uns nicht. Schon gar nicht bei der wöchentlichen Putzschau. Doch damit Sie sich in

Ihrem Drang zum Glanz nicht allein gelassen fühlen, kommen wir in Kapitel 9, in dem wir »Alle Jahre wieder« singen beim Frühjahrs- und Hausputz, darauf zurück.

**Von wegen Klinken putzen –
Sie verdienen genug.**

In den Niederungen des Haushalts: Badreinigung

> *Don Rigoberto schloß ein wenig die Augen und drückte sanft. Mehr war nicht nötig: er spürte sogleich das wohltuende Kitzeln im Mastdarm und das Gefühl, daß dort drinnen, in den Höhlungen des Unterleibs, etwas Folgsames sich auf den Weg machte und bereits die Richtung jener Ausgangspforte einschlug, die sich weitete, um ihm den Durchgang zu erleichtern. Der Anus seinerseits hatte begonnen, sich schon im voraus zu dehnen, bereit, die Vertreibung des Vertriebenen zu vollenden, um sich dann grimmig wieder zu schließen, mit seinen tausend kleinen Runzeln, als wollte er spotten: »Weg bist du, du Spitzbube, und nimmer kehrst du wieder.«*
>
> (Vargas Llosa: Lob der Stiefmutter)

Keine Frau hat die Darmentleerung so schön geschildert wie Vargas Llosa. Bleibt vielleicht darum das Kloputzen weiterhin weibliche Domäne? Laut Statistik putzen in 63 Prozent der Haushalte Frauen das Klo, in 18 Prozent

der Haushalte wird abgewechselt, in nur 8 Prozent sind es Männer. Angesichts dieser demoskopischen Verhältnisse findet Thea, der Literaturpapst Marcel Reich-Ranicki hätte sich besser gegen die ungerechte Arbeitsteilung in Sachen Kloputzen mit derselben Verve aussprechen sollen wie gegen das Urinieren und den Scheiß auf deutschen Bühnen. Und schlagen wir den Bogen zum Latrinenputzen, der ekelhaftesten Strafe beim Militär, wird deutlich, was eigentlich dahintersteckt: die Degradierung des Mannes zur Frau und ein hierarchisches Geschlechterverhältnis.
Fassungslos und reumütig hat Torsten für Frauen nur den Tip: Lassen Sie sich die Schmutzarbeit abnehmen. Bei guten Beziehungen zu anderen Planeten am besten durch außerirdische Badreiniger.
Dagegen Theas höchst irdischer Tip für Frauen: Sammeln Sie gebrauchte mit Gesichtsreiniger getränkte Kosmetikpads. In einer möglichst hübschen Porzellandose, zum Bad passend. Das kann eine alte Dose von Badesalz oder ähnlichem sein. So haben Sie einen ganzen Vorrat schöner, feuchter Pads zur Verfügung. Für den Rasierschaum am Spiegel, für die Wollmäuse, die sich in den Ecken sammeln, für den Staub. Diese Pads können Sie auch benutzen, wenn die Zahnpasta auf die Fliesen kleckert. Oder Ihr Lippenstift Streifen am Beckenrand gemacht hat. Für die schnelle Reinigung des Waschbeckens zwischendurch. Sogar den Dreck am Schuh können Sie mit diesen Pads beseitigen.
Männer, die noch kein Gesichtswasser benutzen und folglich keine getränkten Pads zur Verfügung haben, nehmen mit Wasser leicht angefeuchtetes Klopapier, für den Spiegel, den Rasierschaum am Beckenrand, die Wollmäuse.

Für hartnäckige Flecken Ihrer Teintgrundierung tränken Sie ein Wattebäuschchen mit Rasierwasser.
»Ajax spült das Becken rein« behauptet nicht nur die Werbung, sondern auch Schriftsteller Heiner Müller in seinem Hörspiel »Ajax zum Beispiel«. Ob es wirklich etwas bringt, dem Schlächter aus dem Trojanischen Krieg das Becken zu überlassen, wissen wir nicht. Thea zum Beispiel bringt es eine Menge, das Becken Becken und Ajax Ajax sein zu lassen, während sie sich Heiner Müllers Textcollage anhört.
Schmutzränder in der Badewanne? In der Duschwanne? Dagegen können wir wenig tun. Natürlich seltener baden. Wir können auch die Häufigkeit der Schmutzränder anders mindern. Gut gefallen hat uns der Vorschlag der beiden europäischen Mustergeizhälse aus Holland: zu zweit im Dunkeln duschen. (Das spart sogar noch Elektrizität.) Nach mehrmaligem Ausprobieren finden wir allerdings, der Lustgewinn ist bei Licht besehen größer. Ob Sie die Schmutzrandentstehung durch Duschen zu dritt oder viert noch minimieren können, ist eine Platzfrage, die in den Badezimmern der normalen Drei- oder Vierzimmerwohnung ebenso verneint werden muß, wie im Ein- und Zweiraum-Apartment für Singles.
Duschen Sie nicht nur sich, sondern auch hinterher kurz die Wanne und Duschabtrennung. Dann haben Schmutzränder weniger Chancen. Auch wichtig: den Dreck abwischen, nicht abkratzen. Eine glatte Oberfläche ist schmutzabstoßend. Kratzer verpatzen Ihnen die künftigen paradiesischen Putztage.
Und bei Kalk, der neuerdings – wenn man der Werbung glaubt – Duschkopf und Fliesen oder die Kaffeemaschine in Ketten legt, verlieren Sie nicht gleich den Kopf. Nur wer

schon verkalkt ist, hält Kalk für Schmutz. Sicher, er setzt sich je nach Wasserhärte langsamer oder schneller auf Fliesen, an Wasserhahn und Duschkopf, um den Ausguß herum ab. Um ihm dazu keine Chance zu geben, könnten Sie auch sich selbst und alle Badbenutzer dazu verpflichten, nach dem Baden oder Duschen nicht nur sich, sondern auch Wanne, Armaturen und Kacheln abzutrocknen. Doch mit Essig ist dem Kalk gut beizukommen. Oder ab und zu mit einem dieser kettenknackenden Entkalker. Danken Sie dafür ruhig *dem lieben Hausfrauen-Gott* wie Bärbel Schäfer. Wir allerdings sind der Meinung, daß Sie ihn den Göttern in Weiß der Reinkultur verdanken, die Sie damit an die Kette legen.
Sauberkeit auf die Spitze getrieben, hier hat der Sauberkeitswahn Methode: Da wischt und poliert die Steuerberaterin jeden Morgen im ehelichen Bad die beiden Becken und das Klo, und das, obwohl schon die Putzfrau zweimal in der Woche scheuert.

Gescheuert? Bescheuert!

Wo es um unsere Exkremente geht, läuft die Reinkultur zu großer Form auf. Wenn auch selten literarisch aufgewertet, sind sie verdächtig und verächtlich. Besonders, wenn es dicke kommt. Damit verbundene Lustgefühle, wie sie Vargas Llosa beschreibt, sind, wie wir schon anfangs feststellten, nicht erlaubt und zugelassen. Scheiße! Darüber spricht man nicht, und alle Spuren sind schnell und gründlich zu beseitigen. Kein Wunder also, daß das Klo im Mittelpunkt des Sauberkeitswahns steht; hier Reinheit kulminiert, gezielt betrieben und vorgeschrieben wird.

Manchen reicht es, wenn sie seufzen: Ach, wenn ich doch hätte eine saubere Toilette. Manche lassen die Sache laufen, bis nichts mehr durchgeht. Andere greifen erst ein, wenn nichts mehr läuft, und dann zur Vakuumpumpe.

Wer sich damit nicht zufriedengeben will, wird notgedrungen zum Bürstenbinder. Verdonnern Sie ruhig sich selbst und die übrigen Benutzer Ihrer Toilette dazu, mit der Klobürste nach dem Motto zu kehren: Jeder kehre nach seinem eigenen Schiß. Stellen Sie die Bürste nicht verschämt hinter das Klo in die kaum zugängliche, dunkle Ecke. Präsentieren Sie Ihren Wunsch nach Sauberkeit offensichtlich und scheißfreundlich in Griffnähe gleich nebenan. Animieren Sie, aber nicht mit allen Mitteln. Tarnen Sie die Klobürste nicht verschämt als Zimmerpflanze. Lieber ein deftiger Spruch: »Besser das Klo als in sich gekehrt.«

Auch Kalk setzt sich am Klotopf nieder. Ist hier vor allem – wie auch häufig Schmutz – eine Randerscheinung. Geht es dem Klobecken allzu dreckig, müssen Sie notfalls einen der kraftvollen Reiniger bemühen, die angeblich Frische schaffen. Oder gegen alle grammatischen Regeln steigern: frisch – frischer – klofrisch. Für die Sauberkeit müssen Sie dabei allerdings selbst mit Hand anlegen. Und da gilt:

Ein Griff ins Klo macht keinen froh.

Ganz zu schweigen davon, daß diese Kraftreiniger weder menschen- noch umweltfreundlich sind. Des besseren Immunsystems und der besseren Umwelt wegen also: alles Essig.

Hausarbeitsparend machen Sie ihn selbst. Wenn Sie Essigtopf und Essigmutter einmal im Haus haben (ein Einkauf), haben Sie immer Essig im Haus. Dann läuft der Essig wie von selbst. Kein Einkauf mehr, wenig Arbeitsaufwand. Sie brauchen nur ab und zu noch Weinreste in den Essigtopf und Essig ins Klo zu schütten.
Für den Salat ziehen Sie Balsamico vor? Dann fürs Klo wenigstens einen Essigreiniger.

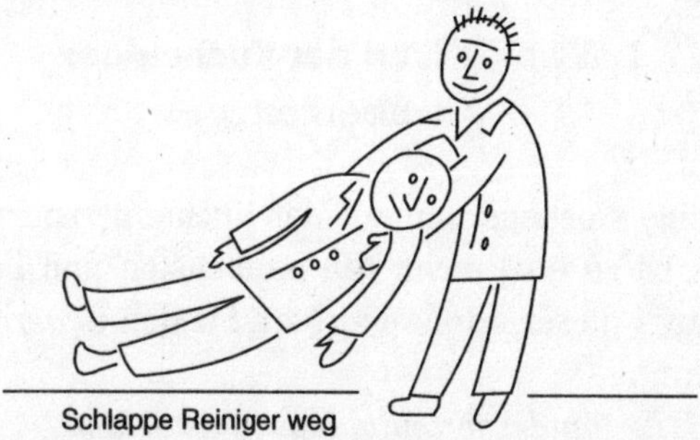

Schlappe Reiniger weg

Ersparen Sie Ihren Kindern um jeden Preis das Schicksal des Reklamekinds, das wir Ihnen schon auf Seite 10 schilderten. Wenn es sehr dicke kommt, kann jedes Kind zur Klobürste greifen. Schmutz in der Kloschüssel ist tatsächlich eine Randerscheinung und sollte es bleiben. Bloß keine Desinfektionsmittel! Ohne sparen Sie nicht nur Zeit beim Saubermachen, Zeit beim Einkaufen und Schleppen der großen, schweren Plastikflaschen, Zeit fürs Entsorgen derselben. Sie ersparen Ihren Kindern auch den K.o. ihres Immunsystems. Von klein auf an Bakterien gewöhnt, lernen sie den natürlichen Abwehrschutz aufzubauen. Der Umgang mit Bakterien trainiert ihr Immunsystem.

Dreck juckt weniger als Allergien.

Klinische Sauberkeit – wir müssen dieses Faktum, das uns Faulen entgegenkommt, betonen – macht krank. Etwas Erfundenes als Wahrheit ausgeben – klinische Reinheit sei gesund und notwendig – gehört ebenfalls zu den manipulierenden chinesischen Kriegslisten, siehe Strategem sieben.

Das holde Lied der Küchenfee: Sauberkeit

Die putzige Wochenschau aus der Küchenperspektive betrachtet, ist so übel nicht. Am einfachsten und bequemsten – unter dieser Adresse fordern Sie den *General* an:

Bundesverteidigungsministerium
Hardthöhe
53125 Bonn

Wöchentliche Küchenputzlieder von faulen Feen fallen einfach weg, weil Sie die beim Kochen anfallenden Wartezeiten nicht absitzen, sondern nutzen. Bis die Kartoffeln kochen, haben Sie schnell das Küchenregal abgewischt. Während Sie das Schnitzel kurzbraten, auch kurz die Spüle gereinigt. Selbst wenn Sie darauf warten, daß der Espresso durchläuft, können Sie den Dampfabzug säubern oder die Kühlschranktür. Und lassen Sie Wasser ins Spülbecken laufen, um den Salat zu waschen, fahren Sie mit dem Schwamm über die Herdplatte.

Grundsätzlich geschieht das aber nur, wenn es notwendig ist.
Für Herdplatten wie Töpfe gilt, was wir nicht genug betonen können: Lassen Sie nichts anbrennen oder überkochen.
Über das Rüsten der Speisen haben Sie genügend im vorigen Kapitel gelesen. Auch darüber, wie zweifelhaft sich die Küchentechnik mit ihren Geräten für Faulenzer der Küche auswirken kann. Wenn Sie aber schon Geräte zum Quirlen oder Schlagen benutzen, dann anschließend sofort unter den Wasserhahn, saubermachen, bevor Soße oder Sahne antrocknen. Das gilt auch für die Herstellung von delikaten Speisen, wie wir hier an einem Beispiel demonstrieren möchten. Hm – Thea ißt gern Gnocchi. Torsten muß den Teig auf dem Küchentisch zu langen Würsten ausrollen. Wenn die Gnocchi im heißen Wasser ziehen, feuchtet er sofort die auf der Platte verbliebenen Reste an und kratzt sie mit dem Küchenschaber ab.
Weiße Kühlschrankflächen sollten Sie nicht putzen, sondern nutzen. Als Pinnwand für Einkaufszettel und Rezepte, Notizen, Kinderbilder und Postkarten von guten Freunden, als Meßlatte, die das Heranwachsen der Kinder oder Purzeln der Pfunde bei pfundiger Diät markiert. Je bunter, desto schöner und händeschonender.
Daß es Fairies (engl. Feen) gibt, wollen wir nicht leugnen. Zumal die Engländer zwischen Frühlings-, Sommer- und Herbstfairies wie auch zwischen den Baumfeen oder jenen am Wegesrand unterscheiden. Doch wir als Küchenfee oder Küchenelbe sitzen den Fairytales nicht auf. Wir haben nach dem Spülen keine Teller mit Resten gefunden, weil wir keine Reste gesucht haben. Darum brauchen wir

auch die grünen Entrester nicht. Nicht einmal der Uraltschmutz in der Küche nach dem Umzug konnte uns bewegen, Meister Proper zu bemühen. Mit Meister Proper hingegen machen wir uns gern – der Hausarbeit ledig und durchaus lebendig – auf die Suche »nach einer besseren Welt«.

Ob sparsam als Hausfrau oder Hausmann, sparen Sie vor allem Putzzeug, wo Sie können. Wo weniger gewiefte Haushaltsmuffel Haushaltspapier verwenden, das eingekauft werden muß, nehmen Sie für die Kleckse auf dem Herd das Küchenhandtuch, das ohnehin in die Wäsche muß. Oder die Papierservietten der Gäste, bevor sie in die Mülltonne wandern. Und hat der Hund mit Schappi geschlabbert, genügt auch das gebrauchte Papiertaschentuch zum Wegwischen.

Gescheuert heißt bescheuert geschuftet.

Mit Volldampf voraus? Hausarbeit ist Schwerstarbeit – wenn es um die Böden geht, darum, die Fliesen in Bad und Küche zu wischen, Becken, Klotopf und Wanne zu scheuern. Gerade Firmen, die irgendwelche hausarbeiterleichternden Wundergeräte erfunden haben, betonen, wie schwer Frauen es bei dieser Arbeit haben. Malen das Bild einer Hausfrau, deren Hände rissig werden, deren Wirbelsäule schmerzt und deren Gelenke überlastet sind. Sie versprechen uns auf leichte Weise vollen Genuß. Suggerieren uns, wie leicht die Schwerstarbeit wird, wenn wir nur ihren universell einsetzbaren Dampfdruckreiniger kaufen. Denn Einsatzgebiete – das klingt nach militärisch-strategischen Denken – gibt es im ganzen Haus: Wischen, Schrubben, Polieren, Staubsaugen, Bügeln, Scheuern. Und das sind längst nicht alle. Allerdings hat die Sache einen Haken. Die hier angepriesene Hausarbeit wird vielleicht leichter, aber nicht weniger. Denn es reicht nicht, Küche und Bad zu putzen. Der Genuß kommt erst, wenn wir sie zum Glänzen bringen. Wenn wir den versteckten Schmutz, von dem wir keine Ahnung hatten und der uns bisher nie gestört hat, aus der letzten Ecke gedampft haben. Wenn die Sauberkeit perfekt und die Hygiene echt ist.

Doch so bescheuert wir nicht sind. Wir wissen, daß es nicht gesund ist, wenn wir dauernd unter Dampf stehen. Daß es für Leib und Seele viel besser ist, Dampf ab- und die Finger vom Dampf zu lassen. Wir wissen auch, daß die fragliche Erleichterung uns schließlich Mehrarbeit einbringt.

7 Was für ein Gewäsch: Wäsche waschen, trocknen und bügeln

Große Wäsche, kleine Wäsche, Buntwäsche, Feinwäsche, Handwäsche – ein einziges Gewäsch, ein großes Wischiwaschi. Früher wusch man die große Wäsche alle vier Wochen; drei Tage Vorbereitung, drei Tage Wäsche, und drei Tage lang war anschließend das Dienstmädchen erkältet. Die Zeiten haben sich geändert, zum Glück. Schrubbretter und dampfende Laugen sind passé. Beim Wäschewaschen ist die Erleichterung durch die Technik, wie bei kaum einer anderen Haushaltsarbeit, ernorm. Waschmaschine und Trockner haben das Waschen revolutioniert. Mit wenigen Handgriffen wäre der Wäschesache heute beizukommen. Waschen übernimmt die Waschmaschine, Trocknen der Trockner.

Trotzdem ist Waschen Arbeit geblieben, mündet letztlich in einer wenig beliebten Hausarbeit, dem Bügeln. Schlimmer noch: Waschen artet aus, wird zum Selbstzweck, zum Waschzwang. Waschen wir heute leichter, so waschen wir auch gern und gründlicher und häufiger. Ein Phänomen unserer Zeit: Was die Technik uns an Hausarbeit aus der Hand nimmt, drückt uns die Werbung hintenrum wieder in dieselbe. Denn rein muß alles sein, drüber und drunter, außen und innen – das wird uns eingehämmert, eingebleut. Und rein muß alles in die Waschmaschine. Nach der Menge der Waschmittelreklame zu urteilen, ist laufend große Wäsche eine zwingende Notwendigkeit. Und so rotieren Waschmaschinen nicht alle vier Wochen, sondern Tag für Tag. Werden täglich neu gefüllt. Rotieren, wie die dazugehörigen Hausfrauen und Hausmänner im ewigen Kreis von Sauberkeit und Schmutz. Da wird gewaschen und gewuschelt, weichgespült und geschleudert, bis man vom Frottee nichts mehr fühlt. Nicht jeder hat einen Trockner. Also wird die saubere Wäsche aufgehängt und abgenommen. Anschließend mit Dampf der letzte Keim ausgebügelt.

Wenn Wasser Wein wär,
wie wollten welsche Walliser Wäscheweiber
wüschte Windle wieder weiß wasche?

(Zungenbrecher)

Das Hemd, das wir tragen, T-Shirt, Jeans oder Unterhöschen bekommen Flecken, Handtücher oder Laken werden schweißgetränkt oder schmutzig, das ist eine der dreckigen Tatsachen des Lebens. Und kein bißchen anrüchig. Ob wir im Waschsalon waschen oder bei uns zu Hause – ob Wäsche einen Haufen Arbeit macht oder nicht, hängt auch von dem Wäschehaufen ab, den wir produzieren. In diesem Fall ist weniger nicht mehr, sondern weniger Hausarbeit.

Bei der Wäsche Zeit sparen? Keine Lust auf große Wäsche? Da gibt es nur eins: Gehen Sie zuerst gegen den Wäscheberg an.

Einmal Hand aufs Hausarbeitsherz: Müssen Sie denn jeden Tag die Unterhose wechseln? Oder das Hemd? Brauchen Sie jede Woche neue Bettwäsche, Handtücher?

Reicht nicht wie früher samstags das Bad und der frische Slip? Sind Sie Ihnen so wichtig, die Schondeckchen? Oder die Gardinen? Das Himmelbett? Die weißen Sesselbezüge im Landhausstil, die nach Wischiwaschi geradezu schreien?

Na, sehen Sie! Lassen Sie ruhig vieles konsequent wegfallen, was gewaschen werden müßte. Wir helfen Ihnen dabei, dem Wäscheberg beizukommen. Und zeigen Ihnen gern, wie aus Haufen Häufchen werden.

Fangen wir mit der großen Wäsche an, um sie klein zu machen. Große Wäsche heißt vor allem große Wäschestücke. Tischwäsche. Bettwäsche. Gardinen. Die sogenannte Weißwäsche – das »Linnen blendend weiß«. Mit dem in der berühmten Ballade Conrad Ferdinand Meyers die Schaffnerin den Tisch bestellt. Blendend weißes Linnen macht sich im Gedicht eines Mannes gut, aber es macht Frauen auch einen Haufen Arbeit. Daß sich in Ihrer Wäsche keine weißen Tischdecken und Servietten finden, davon hat Sie hoffentlich schon Kapitel 4 überzeugt.

Sie verzichten aus Überzeugung nicht nur auf weiße Tischwäsche, sondern auch auf bunte. Allein von Tischdecken auf Sets überzugehen, bedeutet schon den Schritt vom großen zum kleinen Wäschestück. Vom Stoffset zum Set aus anderem Material heißt noch einen Schritt weiter gehen: vom kleinen zu keinem Wäschestück. Sets gibt es aus Stroh, Plastik, Kork. Aber wir können gar nicht genug die wundervollen Papiersets aus gebrauchtem Schreibpapier aus Kapitel 4 anpreisen! Hüten Sie sich vor allzu sauberen Leinenideologien.

Auch Gardinen sind große Wäschestücke, die je nach Farbe und Qualität mehrmals im Jahr vom Gilb befallen werden, nach Wäsche schreien. Prüfen Sie deshalb, ob Sie überhaupt Gardinen benötigen. Daß die Nachbarn welche haben, ist kein Grund. Daß Sie vor den Nachbarn etwas zu verbergen haben, könnte einer sein. Oder daß Sie im Parterre wohnen und Angst haben, daß der Briefträger sehen kann, was Sie in Ihrer Wohnung so alles anrichten. Obwohl das auch kein zwingender Grund ist. Bewundern Sie nicht in Holland die Häuser, die Ihnen Einblick und Durchblick gewähren? Geben Sie sich und den Nachbarn den Blick frei. Schon die alten Griechen wußten: Der freie Blick des freien Geistes endet nicht gern an Gardinen.

Unsere Gardinenpredigt!

Wenn schon Gardinen, dann Vorhänge. Bloß keine Stores. Sie werden ohnehin, wie Brecht schon monierte, »räudig von Tabak«. In ihnen klammert sich der Gilb fest, jenes kopflastige maulige Monster, dem wiederum nur mit chemischer Keule der Waschmittelindustrie beizukommen ist. Gar nicht davon zu reden, daß Sie Stores des schönen Falls wegen vielleicht zusätzlich stärken müßten. Keine Stores – was das ausmacht an gesparter Hausarbeit! Und wenn schon Vorhänge, dann nur zur Straße hin. Hinten kann Ihnen sowieso niemand hineinsehen. Und bloß keine Gardinen scheibchenweise. Weg mit Scheibengardinen.
Im nächsten Kapitel, im dem es um gemalte Fensterscheiben geht, werden Sie schnell erkennen, wie gut und gern Sie auf Gardinen ganz verzichten können.
Weißwäsche – so heißt es noch im Programm jeder Waschmaschine. Und natürlich müssen wir uns fragen, wer hat es überhaupt noch, das blendend weiße Linnen. Häufig genug

wird es von Mutter auf Tochter vererbt und vergilbt weiter unbenutzt im Schrank. Weil wir die bunten Decken, die farbigen Sets vorziehen. Nicht viel anders ist es bei der Bettwäsche. Wer wird weißes Bettzeug benutzen, wo es so hübsche und praktische fleckendeckende bunte Bezüge gibt? Weißwäsche – ein Programm, das Sie sich sparen können.
Bleiben als große Wäschestücke allein Bettbezüge und Laken. Handtücher. Da sich an der Größe des Wäschehaufens nun nichts mehr reduzieren läßt, können wir nur noch an der Häufigkeit, mit der wir ihn aufwerfen, etwas tun. Nämlich eine ganze Menge. Selten gewaschen heißt seltener große Wäsche. Dehnen Sie die Zeiträume aus, auf vierzehntägig, dreiwöchentlich, alle vier Wochen. Sie werden den Unterschied kaum merken und sich höchstens wundern, daß Sie plötzlich so viel mehr Zeit haben.
Diesen Tip hat Torsten nicht etwa von einem totalen Hausarbeitsmuffel, sondern von einer genialen Strategin: Wechseln Sie nicht die Bettwäsche. Wechseln – richtig –, was heißt das anderes als: Bettbezüge abziehen, neues Bettzeug aus dem Schrank nehmen und aufziehen. Dann die schmutzigen Bettbezüge waschen, trocknen, falten und in den Schrank legen. Nein, so nicht. Sie ziehen die schmutzigen Bettbezüge ab, werfen sie in die Waschmaschine, anschließend in den Trockner (oder trocknen sie an der Heizung oder in der Sonne) und ziehen sie dann wieder auf. Wenn sich das nicht gewaschen hat!
Doch so oder so gibt es noch genügend andere Sachen, die den Wäschehaufen vermehren. Ihr Prinzip sei: Von allem so wenig wie möglich, noch besser gar nichts.
Ein Wäschehaufen, in dem Tischdecken, Servietten, Gardinen, unnötige Überwürfe und Bettwäsche weitgehend

fehlen, ist schon merklich kleiner. Aber noch kein Häufchen. Weiter können Sie die anfallende Menge nur reduzieren, wenn Sie auch der Wäsche, die Sie am Leibe tragen, zu Leibe rücken. Das Unterhemd nur alle drei oder vier Tage wechseln. Oder die Bluse. Wenn weiße Hemden nur einmal getragen in die Wäsche müssen, tragen Sie keine weißen Hemden. Sondern hübsche bunte, selbst wenn die Mode Weiß als letzten Yuppie-Schrei preist.

Nicht einmal täglich eine frische Unterhose? Wir sehen Ihre entsetzten Blicke. Wie Ihre Nase sich rümpfend kräuselt. Und wir wissen, wir sind jetzt an dem kritischsten Punkt in Sachen Sauberkeit angelangt. Saubere Unterhose oder nicht – das kann zum entscheidenden Prüfstein werden. Für Ihren sauberen Charakter und unsere schmutzigen Überzeugungen. Bisher sind Sie unseren Gedankengängen gutwillig gefolgt. Haben Sie unsere Thesen wie unsere Tips hausarbeitsscheu statt hausarbeitseifrig für gut befunden. Ob es uns tatsächlich gelungen ist, Überzeugungsarbeit zu leisten, jetzt wird es sich erweisen.

Klar, das ist alles noch vorstellbar für Sie. Den Wäschehaufen verringern. Wo es um Gardinen oder Deckchen auf dem Vertiko geht. Aber auf die frische Unterhose wollen Sie nur ungern verzichten. Hier geht es nicht nur um Schmutz, hier geht auch Müffi, das Geruchsgespenst, um. Und peinlich ist es Ihnen auch, daß wir so offen über die schmutzigen Höschen sprechen. Ausgewaschen peinlich.

Nun – wir wollen niemandem an die Wäsche gehen. Für uns sind nur schmutzige Unterhosen kein Tabu. Am einfachsten, Sie ziehen keine an. Wenn selbst Hans Meiser im Nachmittagsprogramm über unten ohne talkt ...

Wir wollen auch nicht Ihre schmutzige Wäsche vor anderen Leuten waschen. Für unverzichtbar hält die Unterhose meist der, der nicht selbst wäscht. Außerdem reden wir nur über Dinge, die machbar sind – trotz allem. Raten wir Ihnen sonst in diesem Buch meist, sich gegen Werbestrategien immun zu machen, diesmal heißt unser Tip: Lernen Sie durch Werbung Wäsche sparen.
Sie kennen die Reklame alle: Frauen sollen – auch wenn sie ihre Menstruation nicht haben – Slipeinlagen benutzen. Täglich also. Der Sauberkeit und Frische wegen. Eine diskriminierende Werbung, die zugegebenermaßen Thea bisher immer sehr wütend machte. Angesichts der Notwendigkeit, Ihnen das mehrtägige Tragen von Unterhosen schmackhaft zu machen, ändert sie ihre Meinung. Ihr heißer Tip für alle Waschfaulen: die tägliche Slipeinlage nicht nur für Frauen. Auch Männer benutzen einfach diese wunderbar weichen, körperformgerechten, platten Einlagen im Unterhöschen und reduzieren so ihre Wäschehäufchen.

**Seien Sie Wunschfrau,
nicht Waschfrau.**

Doch ganz kommen wir um die Wäsche nicht herum. Wasch mir den Pelz, aber mach mich nicht naß, geht beim Waschen leider nicht. Spätestens, wenn die Kleidungsstücke vor Dreck stehen ...
Die erste Arbeit beim Wäschewaschen ist das Sortieren. Deshalb haben Sie bei IKEA diese lieblichen Sortierkörbe fürs Bad gekauft, und deshalb wird jedes Familienmitglied angehalten, seine Wäsche bunt- oder feinwäschegerecht

zu entsorgen (weiß fällt ja flach). Haben Sie keine Sortierkörbe, wollen aber auf jeden Fall sauber getrennt waschen, werfen Sie gleich entsprechende Wäschehäufchen auf dem Boden auf, sofern Sie Platz genug haben.

Das Wäschesortiment, das gewaschen werden soll, wird sortiert: Weißes wie Unterhöschen und Nachthemden auf ein Häufchen, Buntes wie T-Shirts und Tanga auf ein anderes Häufchen, Feines aus Wolle und Seide zum Häufchen für Handwäsche. Oft genug aber ist Sortieren eine Arbeit, die Sie sich sparen können. Sie behandeln Weiß, das keine Farbe ist, als solche und gehen davon aus, daß heute vieles farbecht ist, und waschen Weißes und Buntes ruhig zusammen. Das ist vor allem auch für Singles ohne Waschmaschine viel praktischer. Weniger Maschinenfüllungen bedeuten auch weniger abgesessene Stunden im Waschsalon.

Wenn überhaupt, dann nur Geldwäsche.

Sie sehen die große Herausforderung darin, möglichst wenig zu waschen. »Fast wie von Hand gewaschen« ist okay, solange es die Maschine macht. Sie wählen Ihre Kleidungsstücke vom Material her so aus, daß Sie gar nicht erst in Versuchung kommen, selbst Hand anzulegen. Handwäsche ist bei Ihnen das, was sie sein und bleiben soll: das Waschen der Hände mit Seife oder in Unschuld.

Was die Waschmaschine gewaschen hat, muß getrocknet werden. Am einfachsten geht das im Wäschetrockner. Dafür benötigen Sie nur die Handgriffe für die Umschichtung in die andere Maschine. Der Trockner hat zudem den

Vorteil, daß viele Sachen nicht gebügelt werden müssen. Oder aber nur so getrocknet werden, wie es für die weitere Wäschebearbeitung wünschenswert ist: bügeltrocken zum Beispiel.

Hat die Waschmaschine geschleudert, heißt es für die meisten Wäscherinnen und Wäscher: Wäsche auf die Leine oder den Wäscheständer. Fürs Hängen gibt es ein paar Regeln, die sich in barer Freizeit auszahlen. Damit Sie nicht dumm aus der Wäsche gucken: Hängen Sie Wäsche schön glatt auf, brauchen Sie hinterher nicht zu bügeln, die Unterhosen, die Hemden, Schlafanzüge. Spannlaken, Socken. Hängen Sie Wäsche sortiert auf, das heißt Unterhose neben Unterhose. T-Shirt neben T-Shirt. Beim Abnehmen bilden sich dann gleich wie von selbst schrankgerechte oder Bügelpäckchen.

Sicher, es gibt solche Frauen wie die Steuerberaterin, die seligen Lächelns feststellt: »Also, wenn ich die süßen Schlafanzüge meiner Kinder bügle, das ist einfach schön.« Doch wir wollen die Frauen nicht verachten, die vernünftigerweise dem Übermaß an Hausarbeit, das ein oder mehrere Kinder bedeuten, auch wäschemäßig beizukommen trachten. Ihre Mutterliebe vielleicht lieber durch Bauen mit Klötzchen als durch Bügeln demonstrieren. Hier Theas Tip für Mütter mit Kleinkindern: Leihen Sie sich viele Strampelanzüge, Jäckchen, Laken und Lätzchen zusammen, von der Schwägerin, von Nachbarn, Freunden. Je mehr Sie davon haben, desto weniger oft müssen Sie die Waschmaschine bestücken. Und waschen.

Die andere Möglichkeit: Drücken Sie sich vor großer und kleiner Wäsche – lassen Sie waschen. Für Singles lohnt sich Mutterliebe, die sich im Waschzwang äußert. Denken

Sie bloß an die Reklame, die Sie alle kennen: Der Sohn kommt von der Rucksackreise nach Hause. Und die Mutter? Sie will von seinen Erlebnissen nichts hören. Sagt nicht: »Komm, setz dich zu mir aufs Sofa und erzähl!« Sie will nichts hören von den fremden Ländern, den anderen Kulturen. Nein, sie hat nichts Besseres zu tun, als sich Sohnemanns schmutziger Wäsche zu widmen, die Staubkörnchen und Schmutzflecken fremder Kulturen aus- und die Unterhosen reinzuwaschen. Deshalb können wir Söhnen nur empfehlen, bei jedem Besuch den Wäschesack mit nach Hause zu nehmen. Sie können Hemden und Hosen auch als Paket schicken. Oder holen lassen. Nach unseren Erfahrungen sind Mütter stolz darauf, Waschfrau für den Sohn zu sein. Sie sind an der Klarheit seiner Unterwäsche mehr interessiert als an seinen Klausuren. Töchter haben es da schwerer, findet Thea. Sie sind zudem besonders gefährdet, sich als Waschfrau für andere degradieren zu lassen. Wenn Liebe ins Spiel kommt, können sie oft dem Drang, seine Hemden zu waschen, nicht widerstehen.

»Auf die Bleiche« bringt noch in Webers *Dreizehnlinden* »das Mädchen, was der Winterfleiß gesponnen«, und wahrscheinlich legte sie die gewaschene Wäsche gleich daneben. Die Zeiten, in denen die Mädchen bleich wurden, wenn sie das schwere Wäschezeug auf die Bleiche schleppen mußten, die Zeiten, in denen sie vom vielen Waschen und Bleichen dahinblichen, sind vorbei, endgültig.

Kein Bleichen mehr? Von wegen. Gerade jetzt wird doch so viel dafür geworben! Wird »Deutschland bleiche Mutter«. Melden Sie ruhig Protest an. Wir sagen: Milde Bleiche? Völlig überflüssig. Lassen Sie sich nicht veracèn.

Zwischen Falten, Fallen und Fällen: Bügeln am Nachmittag

Wir lassen uns heute nicht mehr in Mangelhaft nehmen. Große Wäschestücke – das ist die Kehrseite der Medaille – lassen sich schwer glätten und falten. Damit sie beim Falten keine Falten kriegten, machten die Frauen das früher gemeinsam. Mit dem Dienstmädchen oder mit der Oma. Da beide – das Dienstmädchen wie die Oma fürs Grobe – schon zu ausgestorbenen Spezies gehören, ist eine Reduzierung großer Wäschestücke zwingend nötig. Was in der großen Wäsche gewaschen wurde, mußte früher auch gebügelt oder heißgemangelt werden. Was heute aus dem Trockner kommt, nennt sich »mangeltrocken« oder »bügeltrocken«. Doch solchen versteckten Aufforderungen kommen wir nicht nach.

Mangeln oder Bügeln von großen Wäschestücken ist nicht mehr nötig. Das Spannlaken spannt sich von selbst glatt, wenn wir es aufziehen. Auch der ungebügelte Bettbezug läßt sich nach einer durchschlafenen Nacht nicht mehr Falten ansehen als ein gebügelter. Außerdem gibt es Seersucker, um nur eins jener praktischen Materialien zu nennen, die Bügeln überflüssig machen. Mangelt es Ihnen nicht an Fleiß, aber an fauler Einsicht, müssen Sie große Wäschestücke mangeln lassen oder selber bügeln.

Beim Bügeln scheiden sich die Geister. Im Hang und Drang zu bügeln unterscheiden sich Frauen und Männer. In unserer statistischen Erhebung outeten genauso viele Frauen Bügeln als ihre beliebteste wie Männern Bügeln als ihre unbeliebteste Hausarbeit.

Männer schwingen lieber das Waffeleisen als das Bügeleisen. Frauen dagegen bügeln, wenn sie bügeln, gern vorm Fernseher. Tennis und Talk, auch die Quizshow sind zwar beliebte Bügelbegleiter. Heute favorisieren Frauen aber, wenn sie Kniffe und Falten glätten und plätten, den kniffligen Fall, den Richterin Barbara Salesch oder Richterin Ruth Herz glattbügeln müssen. Oder lassen sie das heiße Dampfeisen über des Eheliebsten weiße Hemdbrust gleiten und träumen davon, hinterher an der holden schwarz-weißen Pinguinbrust von Richter Alexander auszuruhen?

Nur wer die Arbeitslust nicht zügelt, bügelt.

Wer wie Thea diesen modernen Traumprinzen nichts abgewinnen kann und Bügeln wie alles andere nicht zu ihrer Lieblingshausarbeit erklärt, wird auch hier arbeitsparende Tips finden. Theas liebste Bügelshow ist übrigens: Streik – pardon! – Streit um drei.

Korksets wie Korsetts bleiben ungebügelt.

Sie werden gebügelt sein, wie wenig gebügelt werden muß. Unterwäsche? Völlig unnötig, zieht sich am Körper ohnehin glatt. Wie auch T-Shirts. Schlafanzüge, Nachthemden? Küchenhandtücher? Glattziehen reicht. Verknautscht alles ohnehin gleich wieder. Bettwäsche? Um Himmels willen nein, wo es doch Seersucker und Spannlaken gibt.

In einem sind wir, Thea und Torsten, uns einig: Wir machen nicht alles platt. Wir unterscheiden drei Formen von »Bügeln«: Glattstreichen – Ausbügeln – Plätten. In der Regel reicht uns beiden Glattstreichen.

Einen Trick der besonderen Art fanden wir in Opas Trickkiste. Grundsätzlich nur bügeln, was sichtbar ist. Das läßt sich auf vieles anwenden: Blusen, Hemden, T-Shirts. Beim Oberhemd läßt es sich gut demonstrieren. Bügeln Sie nur Kragen, Manschetten und Brustseite. Rücken und Ärmel einfach glattstreichen. Arbeiten Sie in dieser Weise bedenkenlos den Hemdenberg ab, gerade, wenn Ihr Mann Sparkassendirektor und gezwungen ist, im Anzug aufzutreten, und jeden Tag ein neues weißes braucht. Traditionsbewußt und über Hausarbeitsfron stehend, denken Sie an die Chemisette, jenes im 19. Jahrhundert übliche Vorhemdchen für die Männerbrust im Westenausschnitt. Danken Sie Gott in Frankreich für diese bügelfaule Erfindung.

Das hier sind keine Plattitüden: Beim T-Shirt allenfalls den Halsausschnitt bügeln. Für Blusen zum Drunterziehen unter Pullover gilt dasselbe wie für Oberhemden: nur Kragen und Manschettenränder sind sichtbar.

Haben wir im vorigen Kapitel auch davon abgeraten, mit Volldampf vorauszufahren: beim Bügeln sieht das anders aus. Ein gutes Dampfbügeleisen erleichtert die Arbeit, erspart Ihnen das Einsprengen der Wäsche vorm Bügeln.

Nachdem Sie alles getan haben, damit aus dem zu bügelnden Wäschehaufen ein Häufchen wird, hier nun das Bügeln:

Geistlose Tätigkeit fordert die Beschäftigung des Geistes geradezu heraus. Als Gegengewicht sozusagen. Oder ist es umgekehrt? Gesellt sich hier gleich zu gleich? Bügeln zwischen Talk und Tennis ist nicht mehr das, was es war. Bügeln bei Boris machte Sinn, er hätte Ihnen wenigstens in der Wäschekammer helfen können. Aber Vorsicht, wenn Sie bei Friedman plätten. Er hat schon jemanden, der ihm zu faltenlosen Kragen und Manschetten verhilft. Doch jede andere Fernsehsendung ist zum Bügeln geeignet. Sogar *Der grüne Salon* mit Erich Böhme und Heinz Eggert. Selbst heiße Themen fassen die beiden nie so an, daß Sie in Gefahr geraten könnten, das heiße Eisen fahren zu lassen. Oder die Brust aus dem Hemd zu brennen. Machen Sie sich einen faulen Bügellenz, frönen Sie Ihrer Leidenschaft für Klatsch – das Bügeleisen, wenn es schon angefaßt werden muß, ist ein gutes Alibi.

Angeblich sind sie out, die »Bügelopern«, die bis dato die Büglerinnen beim Bügeln musikalisch bedudelten. Es boomen Bücher zum Anhören beim Bügeln. Bügelkrimis machen in deutschen Landen ödes Bügeln spannend. Damit es nicht in tödlicher Langeweile endet. Beliebt ist auch die Bügelkomödie, die das Bügeln kurzweilig macht. Damit dem, der bügelt, bei dieser Hausarbeit nicht das Lachen vergeht.

Auch das gibt es für den intellektuellen Bügelaußenseiter: Bügeln mit Talking Books. Oder mit dem Italienischsprachkurs. Wir haben nichts dagegen – solange es nur nicht in Arbeit ausartet.

Diese Zeitungsanzeige unter der Rubrik Nebenbeschäftigung hat uns gefallen:

»Ich bügle Ihre Hemden, damit Sie mehr Zeit für sich haben.«

8 Gedichte sind gemalte Fensterscheiben: Fensterputzen

Unter die kritische Haushaltslupe von Reinheit und Glanz gelegt bekommen Fenster einen ganz besonderen Stellenwert. Fenster lassen Licht und Luft herein und den Mief hinaus. Fenster dienen der Grenzziehung und setzen Grenzen. Sind Grenzerscheinungen. Anders als Mauern trennen sie uns zwar auch von anderen Menschen, gewähren aber Ausblicke und Einblicke. Geöffnet können sie sogar der Kommunikation dienen.

Putzen wir deshalb die Fenster, weil wir es lieben, den Durchblick zu haben und zu behalten? Damit wir nicht schnell weg vom Fenster sind? Oder weil blanke Fensterscheiben – wie Torstens Mutter immer sagt – die Visitenkarte jeder guten Hausfrau sind?

Fensterputzen ist Kampf für Glanz und Glasreinheit. Ein Kampf gegen Sonne, Regenspritzer, Drecktränen, Schlieren und Streifen. Eine wetterabhängige Sisyphusarbeit, weil der nächste Regen bestimmt gegen die Scheiben tröpfelt und pläddert. Weil auch je nach Wetterlage beim Putzen die Fenster strahlen oder Streifen sichtbar werden lassen.

Es ist gar nicht leicht, mit Fenstern ins reine zu kommen. Und deshalb wohl gibt es tausend Arten, sie zu putzen. Schwört jede und jeder auf eine andere Methode. Werden Geheimrezepte in den Familien oder von Hausfrau zu

Hausmann weitergereicht. Ob Essigwasser oder Spiritus beim letzten Wisch. Ob Gummilippe oder Lederlappen. Ob Zeitungspapier für polierte Glasklarheit. Das ist eher eine Frage der Weltanschauung als der Zweckmäßigkeit oder der Arbeitserleichterung.

Sonnenglanz und Scheibenglanz scheinen sich ganz und gar nicht zu vertragen. Denn was Sie bei trübem Wetter für geputzt halten, kann bei Sonnenlicht ganz anders aussehen. Die Sonne bringt sie an den Tag, die Schlieren und Streifen, die Tropfen und Tränen. Da hilft kein Polieren, kein Reiben. Da hilft nur eins: Nehmen Sie es einfach mit dem Putzen nicht so genau. Zitieren Sie Schiller. Er hat uns manches Reinheitsgebot eingehandelt, da soll er uns auch gefälligst wieder heraushelfen. Maria Stuart hat sich wenig aus ungeputzten Fenstern gemacht und ihren Kritikern entgegengehalten: *Der Schein ist gegen mich, doch darf ich hoffen, daß ich nicht nach dem Schein gerichtet werde.*

Fensterputzen ist Schwerstarbeit. Fängt meist damit an, daß schwere Wassereimer geschleppt werden. Dann wird das Glas mit dem nassen Lappen oder Schwamm gewischt und vorgewaschen, mit der Gummilippe abgezogen. Dabei tropft Wasser und kleckert als zunehmend schmutzige Brühe auf die Fensterbank, auf den Boden, noch schlimmer: auf den hellen Teppichboden. Uns ins Gesicht, wenn wir die oberen Fensterregionen säubern. Anschließend muß trockengerieben und nachpoliert werden. Eine Arbeit, die den Bizeps strapaziert. Stolz auf unser Glanzwerk können wir dann gern auf Sonne verzichten. Denn bei Lichte besehen ist oft der Schmutz in den Ecken sitzengeblieben. Hat Ihr Hut drei Ecken, Fenster haben immer

vier. Und die sind besonders schwer mit leichter Hand zu säubern.
Fensterputzen ist immer Schwerstarbeit, unabhängig von der Art und Anzahl der Fenster. Sind sie groß oder klein? Einfach verglast oder doppelverglast? Sind es Sprossenfenster? Butzenscheiben? Moderne Architektur hat es uns eingehandelt, das Wohnen im Glashaus, das leider auch gereinigt werden muß. Fensterfronten nach allen Seiten. Veranden. Wintergärten. Und überall Fensterglas, schön viel Fensterglas, das blank sein will und blinken soll. Wir sitzen gefangen im Glashaus. Und keiner wirft mit Steinen, sondern höchstens mit mißbilligenden Blicken oder gar spitzen Äußerungen, daß unsere Fenster schon wieder schmutzig sind.
Fensterputzen – das heißt nicht nur putzen zwecks glasklarem Durchblick. Fenster haben auch Rahmen, Fensterbänke, auf denen sich Staub und Rußpartikel gern niederlassen. Abgase von Industrie, Heizungen und Autos. Schwärzliche Zeugen verdreckter Luft, die schwer zu beseitigen sind. Fenster haben außerdem Rolläden oder Jalousien, die das Fensterputzen oft zur strapaziösen Unmöglichkeit werden lassen, weil niemand weiß, wie man die Lamellen der Rolläden sauberkriegt. Gut so, sagen wir, denn das ist gesparte Arbeit. Weil wir nicht drankommen, kommen wir drum herum.
Kein Witz, sondern ein gewitzter Trick: Die Rolläden gar nicht erst herunterlassen. Dann werden sie auch nicht schmutzig. Und wenn sie es werden, wissen Sie wenigstens nichts davon.
Natürlich könnten wir es machen wie Theas Nachbarin, die – Parterre wohnend – dreimal wöchentlich von außen

sämtliche Scheiben abstaubt und die äußeren und inneren Fensterbänke abwischt. Doch natürlich ist das nicht. Eher ein großes Rätsel. Denn, fragt sich Thea, wann liest diese Nachbarin den neusten Krimi von der Crombie? Oder eines dieser Superbücher über Superfrauen, die mit frisch lackierten Fingernägeln Karriere, aber nicht mehr den Haushalt machen? Was macht die Nachbarin, wenn sie nicht wischt?

Riskieren Sie ruhig eine große Lippe.

Um das Fensterputzen halbwegs erträglich zu machen, brauchen wir genügend große Flächen, damit wir großflächig mit der Gummilippe Wasser und Schmutz abziehen können. Dann können wir auch den wunderbaren Fensterreiniger zum Einsatz bringen, den wir auf der nächsten Seite beschreiben. Trotz Ihrer Vorliebe für Landhausstil sprechen Sie sich also gegen Sprossenfenster oder Wintergärten aus. Und gegen Butzenscheiben. Es sei denn, Sie haben einen guten Draht zum Bibabutzemann. *Wie war es doch in Köln vordem mit Putzemännern so bequem* ...

Einfachverglasung vereinfacht auch das Fensterputzen ungemein. Einfach die Scheiben auswechseln, wenn sie schmutzig sind. Und sich im Winter an den Eisblumen freuen, was das Fensterputzen überflüssig macht. Leider haben die wenigsten von uns heute noch Einfachverglasung.

Doppelverglasung ist gang und gebe und auch notwendig, wenn wir an die Energiekosten denken und nicht nur daran, wieviel Energie das Fensterputzen kostet. Da müssen wir uns schlicht etwas einfallen lassen, wenn wir ums Putzen herumkommen wollen. Manchmal, wenn sie schon in die Jahre gekommen und kaputtgegangen sind, können wir wischen und wienern und haben trotzdem nicht die reinste Freude an reinen Scheiben. Weil sich der Dreck dazwischengesetzt hat, wo weder Lappen noch Lippe hinkommen.

Wenn Sie Fenster putzen, dann putzen Sie wenigstens selten. Nicht alle vier Wochen oder acht Wochen, sondern jedes halbe Jahr einmal. Außerdem nur die Fenster nach vorn zur Straße hin, wo die Nachbarn es auch registrieren können. Und nur wenn Sie im Parterre oder maximal im ersten Stock wohnen. Fenster, die höher hinaus liegen, liegen auch außer Reichweite jedes reinen Blicks. Da ist nur noch der blaue Himmel Zeuge.

Wir schmeißen das Geld nicht aus dem Fenster. Aber wenn schon Fenster geputzt werden müssen, dann ist dafür – findet Torsten – Technik angebracht. Damit wir uns den Hals nicht brechen oder verrenken. Damit es uns nicht auf Gesicht und in den Kragen tropft. Torsten empfiehlt den elektrischen Fensterreiniger von Pro Idee, der auf der Weltmesse der Erfinder in Genf die Goldmedaille bekam. Was auch immer Sie an Fenstern haben, wo auch immer sich diese Fenster befinden, mit diesem Putzstab bekommen Sie mühelos – behauptet Torsten, nicht die Werbung – blank, was blinken soll. Ein elektrischer Fensterputzer, der ohne Wassertanks und Schläuche arbeitet. Was ist das für ein Instrument? Ein Schrubberkopf mit Schwamm an einer langen Stange. Er ist über eine elektrische Leitung mit der Steckdose verbunden. Über den Schrubberschwammkopf wird ein Reinigungstuch gezogen. Der Schwamm wird angefeuchtet. Der Schrubber aufgeladen, es entwickelt sich Dampf. Und schon geht es los: Der Schmutz löst sich, und Torsten braucht weder nachzuwischen noch nachzupolieren. Hausarbeitsresistent wie Resis Tante, mäkelt Thea: Die Fenster müssen vor dem optimalen Einsatz grundgereinigt werden. Und grundlos einsetzen will sie sich auf keinen Fall.

Auf der Energiehaushaltswaage entsprechen anderthalb Stunden Fensterputzen einem Stück Sahnetorte. Glauben Sie uns einfach: Noch besser schmeckt die Sahnetorte, wenn vorher keine Fenster geputzt wurden. Verschwenden Sie Ihre Energie nicht aufs Fensterputzen. Es gibt so viele andere Möglichkeiten, energisch zu werden.

Fensterputzen? Sie stellen sich einfach auf den Standpunkt der europäischen Superknauserer van Veen und van Eeden und sagen wie sie: »Das macht doch der Regen von selbst.« Sie knausern mit dem Fensterputzen, wo Sie können.

Und allen Einwänden gegen schmutzige Fenster, allem Wenn und Aber kommen Sie mit kleinen Tricks bei. Hat es lange nicht geregnet, können Sie zum Beispiel Gardinen vorziehen, wenn Besuch kommt. Obwohl wir uns eigentlich gegen Gardinen aussprechen, heißt es hier abwägen, was weniger Arbeit macht: das Fensterputzen oder das jährliche Waschen von Gardinen. Wer sich Gardinen und die damit verbundene Hausarbeit sparen will, wird durch geschickte Beleuchtung seine ungeputzten Fenster ins rechte Licht rücken und verhindern, daß eventuelle Dreckstreifen sichtbar werden.

Noch besser, Sie werden, wenn es um Ihre Fenster geht, energisch kreativ. Wie sagt Goethe doch so schön, der genau über die durch Fensterscheiben erzielbare Wirkung innen und außen Bescheid wußte: *Gedichte sind gemalte Fensterscheiben.* Wir nehmen Goethe beim Wort und drehen den Satz um: Gemalte Fensterscheiben sind wahre Gedichte.

Malen Sie, was das Zeug hält, an Ihre Fenster: stimmungsvolle Frühlingsblumen wie Schneeglöckchen, Veilchen und dicke, gelbe Narzissen; den in gelben Ähren und knalligen Früchten symbolisierten Sommer; Herbstliches mit bunten Blättern und Weintrauben; kalte Winter mit Schnee und Schlitten. Malen Sie Weihnachtsmänner zu Weihnachten und Osterhasen zu Ostern.

Leben Sie Ihre Dekorationslust bis ins letzte aus! Weihnachtsengel, Sternchen oder Schlitten im Schnee sind die eine Möglichkeit. Die andere, Sie werden zur gestaltenden Kraft einer ganzen Gegend und führen neue Moden ein: Auf Ihren Fenstern tummeln sich Raumschiffe oder Rambos, R2D2s oder Androiden, Bobtails oder Hale-Bopps. Sie können Ihre Fensterbilder auch zur politischen Demonstration nutzen. Zwei Fliegen mit einer Klappe schlagen. Sprechen Sie sich aus für oder gegen geklonte Dolly-Schafe, genmanipulierte Tomaten oder Computer, die Lebenschancen ausrechnen. Wer Fensterbilder malt, braucht seine Fenster nicht zu putzen. Verschanzt sich faul nicht hinter Dreck, sondern hinter Kreativität. Na ja, dreht je nach Talent und Einfallsreichtum auch nicht unbedingt den Spieß in einer spießigen Umgebung um. Aber wir sehen keine andere saubere Lösung.

Ist Ihnen Kreativität nicht gegeben oder durch ein Übermaß an Hausarbeit bereits abhanden gekommen, lassen Sie malen. Ihre Kinder werden sich freuen. Notfalls tun es auch Klebebilder aus dem Bastelgeschäft. Die Auswahl von Bildern zu jeder Jahreszeit und Festlichkeit ist groß. Meinen Sie wirklich, Sie brauchen ein Alibi für ungeputzte Scheiben? Eine Rechtfertigung gegenüber den sauberen Nachbarn? Dann werden Sie einfach zum Vogelfreund. Ihre Fenster sind nicht spiegelblank, damit das zierliche Rotkehlchen und die seltene Goldammer sich nicht den zarten Hals brechen, weil sie irrtümlich auch den blauen Himmel im spiegelnden Fensterglas für ihr Element halten.

Sich regen? Von wegen.

Kaum zu glauben, was Menschen für saubere Fenster alles anstellen. Sie klettern und klimmen, sie recken und strecken sich. Sie werden zum waghalsigen Fassadenkletterer. Zum Klettermax für Glanz und Klarheit. Ohne uns zu weit aus dem Fenster zu lehnen, können wir noch einen sehr gewichtigen Grund anführen, der gegen das Fensterputzen spricht: Die Unfallgefahr, im Haushalt größer als im Straßenverkehr. Fenster sind hoch. Fenster sind oft schwer zu erreichen. Außen nur durch Balancieren über das Fenstersims. Beim Fensterputzen können Sie herausfallen, herunterfallen, mit dem Stuhl oder mit der Leiter umkippen. Wollen und müssen Sie sich wirklich in solche Gefahr begeben?

Hochglanz kommt vor dem Fall.

9 Alle Jahre wieder: Frühjahrsputz

Der Frühling weckt die Lebensgeister. Unsere Lust auf frische Luft, Lieben und Lachen. Auf neue Hüte und neue Jeans. Wir unterziehen uns einer Schlankheitsdiät. Und dem neu propagierten Körpertraining. Brauchen einen neuen Haarschnitt und Hautpeeling. Werfen uns mit neuem Eifer auf den Job. Machen Reisepläne und legen Rabatten an. Es lenzt. Rundumerneuerung ist angesagt. Regelmäßig wiederkehrend wie die Jahreszeit: Alles neu macht der Mai.

Regelmäßig im Frühling bauen die Vögel ihre Nester. Wir sehen, wie die kleinen Gefiederten sich um ihren Hausstand bemühen. Wie sie fliegen und flattern, das rührt uns und etwas in uns. Nestbaudrang. Die Sonne scheint heller und freundlicher, bringt aber auch Staub und Schmutz ans Licht. Da schießen gute Vorsätze wie Krokusse und Tulpen aus dem Boden. Alles neu macht der Mai. Denn dieser emsigen Erneuerung ringsum, diesen Frühlingsgefühlen kann man sich als normaler Mensch kaum entziehen. Und es schießt einem durch den Kopf, daß es wieder Zeit für den Frühjahrsputz wird. Und dann hat man das Gefühl, man müßte Haus oder Wohnung auf den Kopf stellen. Daß nicht nur die Fenster eine Grundreinigung nötig hätten.

Es gibt viel zu tun, laß die Finger davon!

Aber die entscheidende Frage ist, ob frau und man wirklich muß. Ob es notwendig ist, das Oberste zuunterst zu kehren. Das volle Putzprogramm durchzuziehen: vom Keller bis zum Dachboden Spinnweben, Staub und Schmutz auf den flusigen und flauschigen Leib zu rücken. Möbel zu rücken. Schrankfächer zu säubern und Schubladen zu ordnen. Geschirr und Gläser auszuräumen und abzuwaschen. Matratzen, Polster und Teppiche zu klopfen. Teppichboden zu schäumen. Türen abzuledern. Bücherregale zu entstauben. Oder die Mülltonne, Kisten und Kasten pingelig zu säubern. Wintersachen einzumotten.

Kein Mensch muß müssen, fand der Aufklärer Lessing. Die große Frage *Frühjahrsputz – ja oder nein* mit nein zu beantworten, ist also nur allzu natürlich für Aufgeklärte. Aus Gründen der Gleichberechtigung. Denn dieser fast unwiderstehliche frühlingshafte Putzdrang, dieses Gefühl, dem Schmutz von Grund auf gründlich den Garaus machen zu müssen, das Nest frühlingsfrisch herzurichten, ist bei Frauen verbreiteter als bei Männern. Behauptet Thea. Sie verweist darauf, daß Frühjahrsputz ganz offensichtlich Frauensache ist. Und fragt Sie, liebe Leserinnen: Sind Sie tatsächlich so verrückt, Möbel zu rücken? Haben Sie wirklich im Frühling nichts Besseres zu tun? Müssen Sie sich denn die Dompfäffin nur für den Nestbau, das Eierlegen und Brüten zum Vorbild nehmen? Ist es nicht eher das Jubilieren und Tirilieren des Dompfaffs, das uns Herz und Sinne betört? Wollen Sie das etwa den Männchen und Männern überlassen? Nach dem Motto: Sie machen die Drecksarbeit, und er hat die höheren künstlerischen Weihen?

Hausfrauen und Hausmänner sollten mit derselben Verve, mit der sie sich über Schubläden und Teppichböden her-

machen wollen, den Frühling besingen, statt den Schmutz zu bezwingen!
Hatten wir wirklich erst einen grünen Umweltminister nötig, der uns zum Frühjahrsputz aufforderte, Putzmittel im Putzeimer der Umwelt zuliebe zu minimieren? Wir tun ihm den Gefallen und füllen ihn gar nicht erst. Tritt hin, sieh nach!
Denken Sie an Kapitel 6. Wir haben Sie hoffentlich überzeugen können, daß uns niemand zum Putzen zwingt. Daß man sich dem Putzzwang nicht beugen muß. Daß man durchs Putzen zwischendurch viel Zeit und Muße gewinnen kann. Ihre Wohnung, Ihre Schränke sind doch sauber. Und nun wollen Sie sich wieder dem Putzdrang unterwerfen? Sie haben doch schon Tag für Tag das Notwendigste an Schmutz und Dreck beseitigt. Sie haben genug gewischt und gewaschen, poliert und aufgeräumt – und dabei schon manches vom Leben versäumt. Wollen Sie jetzt wirklich Versäumtes nachholen? Und ausgerechnet versäumtes Putzen?
Wenn Sie jetzt ja sagen, dann ist Ihnen wirklich kaum zu helfen. Dann brauchen Sie dringend Tips, wie Sie das Gröbste vermeiden und schnellstens aus dem gröbsten Schmutz herauskommen können.
Wie wäre es mit dem *schnellen Frühjahrsputz?* Jetzt, wo die Sonne scheint, sieht man alles, den Staub und die Schlieren, die Wollmäuse und die Spinnweben, die sanft bewegt vom Frühlingshauch von der Decke hängen. Ihr Trick, mit dem Sie nicht in Gefahr kommen, übermäßigen frühlingshaften Eifer an die Hausarbeit zu legen: Sie lassen die Möbel stehen, wo sie sind. Sie beseitigen schnell, was an Staub und Schmutz zu sehen ist. Mehr nicht. Also

Spinnweben, wenn sie sichtbar schweben. Wollmäuse, wenn der Frühlingshauch sie über den Boden treibt. Aschestäubchen, wenn sie sich über Tisch und Teller verteilen.

Doch wie's da drin aussieht, geht niemand was an, singt herzschmerzig der Operettentenor. Halten Sie es mit den Schränken und Kästen, Kisten und Truhen genauso. Sie bleiben geschlossen. Sie werden nicht ausgeräumt, um anschließend wieder eingeräumt zu werden. Da heißt es nicht: Schwamm drüber. Noch weniger Schwamm drinnen.

Den schnellen Frühjahrsputz können wir Ihnen gar nicht genug ans Haushaltsherz legen. Er ist ausgesprochen umweltfreundlich. Und das ist allemal das beste Argument nicht nur gegen den frühlingshaften Sauberkeitswahn.

Der Mensch lebt nicht vom Schmutz allein – nur Henkel.

Der *Frühjahrsputz als jährliche Gewalttour* ist nur zu akzeptieren, wenn die dafür aufgewendete Hausarbeit sich dann das Jahr über erübrigt. Ein Tag ist mehr als genug. Zwei Tage dafür anzusetzen, bedeutet, daß die Gewalttour leicht in Reinlichkeitsraserei ausartet.

An diesem einzigen Tag im Jahr, den Sie vollständig dem Putzen widmen, fangen Sie in einem Zimmer an und arbeiten sich dann von Raum zu Raum vor zu Küche und Bad, bis sie staub- und flusenfrei, streifen- und fleckenlos, bis alle Fettecken, die Sie nicht als echte Beuys ausgeben können, beseitigt sind. Sie räumen die Schränke nicht nur aus und auf. Sie wischen sie feucht aus, um dann den

Inhalt – Teller und T-Shirts, Untertassen und Unterhosen, Kannen und Kissen, Geschirrtücher und Gläser, Frotteehandtücher und Fritteuse – aufgeräumt einzuräumen. Bei dieser Aktion sollten Sie sich – aus zeitökonomischen Gründen – auf jeden Fall helfen lassen. Ausräumen zumindest kann jede und jeder, egal, ob Ihnen familiär oder freundschaftlich verbunden. Das Einräumen übernehmen Sie selbst. Es ist eine gute Gelegenheit, auszusortieren, wegzuwerfen oder anderweitig zu entsorgen. Der Grundsatz für den sperrmüllfreien Haushalt: Was Sie ein Jahr lang nicht in die Hand genommen haben, werden Sie nie wieder brauchen. Also weg damit, damit Sie weniger Arbeit haben.

Diese jährliche gewaltige Putztour ist – wie gesagt – nur sinnvoll, wenn Sie sich das Jahr über auf den Lorbeeren ausruhen und auch den Schränken Ruhe gönnen.

Ans Werk herangehn kann man von zwei Seiten.
Das siehst du früher oder später ein.
Die eine: Man beauftragt einen zweiten.
Die andere: Man tut es gleich allein.

(Mascha Kaléko: Das himmelgraue Poesie-Album)

Wenn Staub und Schmutz sehr dicke tun, können Sie den Frühjahrputz auch einem Reinigungsdienst überlassen. Legen Sie sonst selbst Hand an? Einmal im Jahr, wenn es lenzen und glänzen soll, lassen Sie ihn kommen, den Putzmann, die Sauberfrau. Zum Fensterputzen, das Sie sonst das Jahr über dem Regen überlassen. Zum Teppichschäumen, weil Ihre Mutter von einer Schwiegertochter mit altmodischem Sinn für preußische Tugenden wie Reinheit und Sauberkeit träumt. Zum Polieren von Möbeln und Türen. Von Klinken, damit sie blinken. Der Putzdienst nimmt Ihnen gegen gutes Geld das Gefühl, im nachbarschaftlichen Sauberkeitswettbewerb nicht mithalten zu können. Allerdings sollten Sie sich diesen Tag freinehmen und präsent sein. Sie müssen aufpassen, daß alles ordentlich gemacht wird, was ordentlich bezahlt wird. Denn sonst müssen Sie hinterher nacharbeiten und zahlen drauf.

Wir behaupten mit Stolz: Wenn Sie alle Tips, die in diesem Buch gegeben werden, beherzigen und in Ihrem Haushalt anwenden, können Sie den Frühjahrsputz getrost auf den Herbst verschieben. Oder sich überhaupt sparen. Sie haben ohnehin alles getan, um sich das Putzen zu erleichtern oder überflüssig zu machen. Sie haben eine Wohnung in putzgünstiger Lage. Wenige Möbelstücke, auf denen auch nur wenig Staub Platz hat. Sie heben nicht auf, sondern werfen weg. Sie sammeln Pads für das kleine Wischen zwischendurch, wenn es einmal klebt und kleckert. Sie nutzen fürs Putzen die Wartezeiten, bis das Bügeleisen heiß ist. Oder das Wasser kocht. Sie putzen, wenn Ihnen Dreck auf oder ins Auge fällt.

Ein Dreckskerl, wer Schlechtes dabei denkt.

Sie putzen nicht, wenn jemand ein vernichtendes Urteil über Ihren Haushalt fällt. Dank des Immunisierungstrainings aus Kapitel 13 sind Sie gefestigt, wenn es um saubere Sprüche und Ansprüche geht. Und auf die Reinheitsideologien fallen Sie dank Kapitel 15 auch nicht mehr herein.

Lassen Sie sich vom Staub doch nicht das Gehirn zustauben. Teppichklopfen ist angesichts teppichklopfender Staubsauger überflüssig. Wenn Schränke und Schubladen gut schließen, das Auswischen von innen. Wenn Sie die Bretter des Bücherregals der Bücherhöhe anpassen, dezimieren Sie zwar den Staub erheblich. Ganz werden Sie ihn aber nicht los.

Wir haben nun lange überlegt und viele Bücher gelesen, um auf einen haushälterischen Trick zu finden, wie Bücher im Bücherregal staubfrei zu bekommen sind. Damit sie nicht von Staub zerfressen werden oder von den niedlichen kleinen Bücherläusen oder Silberfischen. Die Frage ist auch, ob man Bücher überhaupt in den Frühjahrsputz einbeziehen soll. Das kann von der Menge ebenso abhängen wie von der Unterhaltungsqualität der Bücher. Auch von Ihrer Lesefreudigkeit und Bereitschaft, sich von Büchern in den Bann ziehen zu lassen.

Ein Tip schien uns praktikabel: Nehmen Sie die Bücher stapelweise aus dem Regal und legen Sie diese Bücherstapel auf einen Tisch, am besten gleich mehrere nebeneinander. Dann saugen Sie die Bücherköpfe ab. Sie wischen das Regal aus und stellen die Bücher stapelweise wie gehabt hinein.

Auch nicht schlecht, wenn schönes Wetter ist und Sie einen Garten oder Balkon haben: Sie tragen die Stapel nach draußen, schlagen die Bücher nacheinander auf und einmal kräftig zu. Das ist schon aufwendiger, wegen des längeren Weges, den Sie zurücklegen. Weil Sie jedes Buch einzeln in die Hand nehmen müssen. Das hat allerdings den Vorteil, daß Sie nicht unnötig beim Säubern der Bücher das Wohnzimmer staubig machen. Und daß Sie sich auf diese Weise einen Überblick über Ihren Bücherbestand verschaffen, auch Lust bekommen, das eine oder andere Buch wieder einmal zu lesen. Dann lassen wir auch mehr als einen Hausarbeitstag dafür gelten. Nehmen Sie sich Zeit. Lesen Sie sich ruhig fest, wenn Ihnen ein besonders guter Titel unterkommt. Oder Sie sich daran erinnern, von wem und wann Ihnen das Buch geschenkt wurde.

Denken Sie beim Frühjahrsputz vor allem daran: Mit eisernem Besen kehrt schon der Schornsteinfeger. Keller und Speicher sollten bleiben, was ihrem Charakter entspricht: Ort für Vorräte, duftende Äpfel und deftige Schinken, junge und alte Weine. Reservat für die Dinge, von denen wir uns nicht trennen mögen, Zeitschriften, alte Liebesbriefe, getrocknete Rosen, Stoffe, Knöpfe, Strampelanzüge, Fotos, Spielzeug, Schallplatten, das erste Mofa oder das erste Ballkleid. So unglaubliche wie unleidliche Erbstücke. Eine repräsentative Umfrage des INRA Instituts brachte die Dinge aus deutschen Kellern und Speichern, aus Schränken und Schubladen, die aufgehoben und gesammelt werden, ans Licht. Und damit kommen wir dem, was uns hindert, wegzuwerfen, auf die Spur. Erinnerung bringt uns mehr Hausarbeit ein als Vergessen. Fotos, die wir erinnerungsträchtig betrachten, füllen Kästen und Kartons, die aufgeräumt und entstaubt werden müssen. Davon, so wissen wir jetzt, können sich alle, Frauen wie Männer, am schlechtesten trennen. Fällt das Zerreißen und Wegwerfen schwer, gibt es nur eins: Erst gar keine Fotos machen. Besonders gefährdet sind wir nach dieser Erhebung allgemein auch, wenn es um Knöpfe, Nägel und Stoffe, Souvernirs oder Erbstücke geht. Also bloß nicht

kopflos Knöpfe aufheben. Oder Nägel mit Köpfen. Erbstücke? Schlagen Sie am besten aus. Oder kaputt.
Diese Geschlechterunterschiede müssen Sie fürs Wegwerfen berücksichtigen. Thea rät allen Frauen: Selbsterkenntnis ist der erste Weg zum Wegwerfen, weil Aufheben mehr Arbeit macht. Frauen sind fürs Aufheben – so INRA – ganz offensichtlich anfälliger, wenn es um Stoffe und Briefe, um alte Kleidung und Erbstücke geht. Also geben Sie Ihrem Herzen und dem von Tante Emma geerbten Porzellanvogel im Keller ebenfalls einen Stoß. Dann sind Sie ihn endlich los und brauchen ihn beim Frühjahrsputz nie mehr abzustauben. Männern dagegen empfiehlt Torsten, nicht nur hart im Nehmen, sondern auch im Wegwerfen von Schallplatten, Tonbändern oder alten Zeitschriften zu sein. Keller und Speicher als Zuflucht für Sand und Staub. Für Spinnen und Spanner. Nicht zuletzt Spielraum für Kinder, der ihnen Anregung für phantastische Abenteuer und Geheimnisse bietet. Wo sie Pirat und Geisterjäger, Detektiv und Indianer sein können. Und das wollen wir ihnen doch in unserer ohnehin an Abenteuern und Geheimnissen armen Welt nicht nehmen.
Frühjahrsputz? Immer noch der beste Rat – machen Sie sich statt dessen einen weißen Sonntag. Schon Luther wußte, daß man Weißes besser erkennen kann, wenn man Schwarzes dagegen hält. Und die Leiche im Familienkeller können Sie damit auch nicht beseitigen.

Lassen Sie die Zeit für sich arbeiten.

10 Tierisch viel Arbeit: Pflanzen und Tiere

Vorbei sind die Zeiten unter freiem Himmel. Vorbei die Zeiten, wo wir in Höhlen und Laubhütten hausten. Mitten in der Natur oder nahe dran. Vorbei sind damit auch die Zeiten, wo Pflanzen und Tiere uns ganz natürlich umgaben, unsere ständigen Begleiter waren. Wir uns eins fühlten mit der Natur. Entgegen unserer und aller Natur fingen wir an, Häuser aus Stein zu mauern. Doch ein Rest jener atavistischen Sehnsucht nach Einheit mit anderen Lebewesen, pflanzlichen und tierischen, muß uns geblieben sein.

Anders ist es kaum zu erklären, das wir uns als Blumenliebhaber das halbe Gartencenter in die Wohnung oder ins Haus holen. Daß Blumen ein beliebtes Präsent sind, als Dank und Anerkennung, als Mitbringsel und Prestigeobjekt. Daß ein Großteil des Haushaltsbudgets für Blumen draufgeht. Daß die Blumenpracht des Balkons oder der Fensterbank zum Gradmesser moralischer Qualitäten wird. Besonders im Frühjahr spüren wir den Drang, uns und unser Umfeld mit Blumen zu zieren. Oh, du grüne Hausarbeitshölle!

Anders ist es kaum zu erklären, das tierische Vergnügen, daß wir an Dackeln und Dalmatinern, an Barschen und Barben, an prachtvollen Sittichen und exotischen Prachtfinken haben. Der Spaß der Kinder an Hamster, Kaninchen oder Meerschweinchen. Wenn es um Haustiere geht, wird kein tierischer Traum zum Trauma. Nicht einmal der Kaiman in der Badewanne oder die Riesenschlange, die sich um den Bilderrahmen schlängelt.

Ein ambivalentes Vergnügen, das wir da an Pflanzen und Tieren haben. Was uns natürlichen Lustgewinn bringt, bringt uns auch Hausarbeitslast. Süßer Rosenduft oder rote Geranienpracht sind ohne unser Zutun sowenig zu haben wie treuer Hundeblick und schnurrende Katzenliebe. Pflanzen und Tiere fordern unseren Pflegetrieb geradezu heraus.

Pflanzen zu pflegen ist tief in uns verwurzelt. Besonders, wenn dieselben Wurzeln haben, pflegen sie uns auf Trab zu halten, mit Hacke und Harke, Kanne und Kunstdünger.

Lassen Sie sich nicht zur grünen Witwe machen!

Auch Tierliebe ist jahreszeitlich beeinflußt. Was im Frühjahr oder zum Christfest boomt, bedauern wir spätestens zur Urlaubszeit, wenn der Kaiman so lästig ist wie die Katze oder das Hundebaby vom Weihnachtsmann. Was sich nicht im Gepäck verstauen läßt, im Hotel nicht gern gesehen wird, beim Autofahren kotzt oder Haare läßt, lassen wir dann gern zu Hause. Und wenn es bei uns bis zur Unnatur aussetzt, setzen wir auch den Bernhardiner oder den Beagle aus.

Es grünt so grün, wenn Spaniens Blüten blühn

Soll dir das arme Pflänzchen sprießen,
mußt du es täglich brav begießen.
Und Dünger streun. Und Unkraut jäten.
(Mascha Kaléko: Das himmelgraue Poesie-Album)

Zieren wir uns, Hausarbeit zu machen, sollten wir auf Zierpflanzen verzichten. Sicher, Azaleen oder Anthurien, Ficus benjamini und Flammendes Käthchen sind schmuck und haben oft Seltenheitswert. Aber wie zierlich sie auch immer sein mögen, sie brauchen Wasser und Wachstumshilfen, unkrautfreie und ab und zu neue Blumenerde. Mit Topfpflanzen können Sie bei Thea keinen Blumentopf gewinnen. Es reicht ja nicht, den Pflanzen zu zeigen, was eine Harke ist.

Kein Weltwunder, aber ein Wohnwunder! Wer absolut nicht auf die hängenden Gärten der Semiramis aus Hortensie, Einblatt und Zimmerpalme verzichten möchte, sollte wenigstens pflegeleicht statt in Erde in die roten oder braunen porösen Tonkugeln und Tonkörnchen von Seramis oder Hydrokultur pflanzen. Das bedeutet zwar Umtopfen, mit kleinem Topfballen oder gar keinem. Dafür müssen Sie aber erst gießen, wenn der Gießanzeiger sagt: Sie müssen. Da Pflanzen Nahrung brauchen, nehmen Sie natürlich die feinkörnige Langzeitnahrung. Man muß sie nur alle drei Monate unter den Pflanzboden geben, während man die flüssige öfter ins Gießwasser schütten muß. Also feste Vitalnahrung, damit die Pflanzenfreundin vital bleibt. In der Pfleganleitung der Hydrokultur heißt es: »Nur bei längerer Abwesenheit bis höchstens *Maximum* gießen, sonst reicht *Optimum*«. Das hat uns gefallen. Wir wandeln deshalb den Spruch, den Sie vom Aufräumen schon kennen, einfach ab: Wer öfter unterwegs ist, muß seltener zu Hause gießen. Sie sorgen einfach öfter für längere Abwesenheit oder tun doch zumindest so, als ob. Rote poröse Tonkügelchen oder brauner Blähton bedeuten auch: kein Unkraut ziehen.

Sagen Sie uns, welche Pflanzen Sie kaufen, und wir sagen Ihnen, welche Arbeit die machen. Der Aufwand hängt nicht zuletzt von der Art ab. Das ist dasselbe in Grün für Balkonkästen wie im Garten. Immergrün macht weniger Arbeit. Rankender Efeu weniger als Weinranken, die ihre Blätter im Herbst verlieren. Kakteen sind ausgesprochen bedürfnislos, wenn man sie im Sommer nach draußen stellt und den Topf ein Stück in der Erde versenkt. Da können Sie die Gießkanne vergessen.

»Weine nicht, du holde Gärtnersfrau« – gegen Blumenbrechen haben wir nichts.

Aber doch wenigstens einen Kräutergarten? Für Salbei und Basilikum, für Schnittlauch und Kresse? Selbstgezogen heißt auch hier eingekauft, geschleppt, eingetopft, gegossen und gezupft. Wenn Sie auf dieser grünen Welle stehen, hier Theas heißer Gegentip: Kräuterlinge aus der Tiefkühltruhe. Und selbstgezogene Champignons im Torfbeet? Braunkappen auf dem Strohballen? Darauf gibt es nur eine Antwort:

Mehr Hausarbeit ist keinen Pfifferling wert.

Lassen Sie sich den grünen Daumen amputieren.

Schnittblumen, zum Strauß oder Bukett gebunden, kaufen wir uns nicht nur selbst, die bekommen wir auch geschenkt. Obwohl es ja heißt, einem geschenkten Gummibaum schaut man nicht unter die Blätter, ist es durchaus sinnvoll, Blumensträuße im Hinblick auf Hausarbeit zu betrachten. Die schönsten Duftbesen täuschen nicht darüber hinweg, daß wir etwas für sie tun müssen. Rote Rosen drücken nicht nur Liebe aus, sondern auch ihre Dornen in unsere Daumen, wenn wir die Stiele frisch anschneiden und den Glaskrug mit frischem Wasser füllen. Der Sommerstrauß aus Ringelblumen und Lilien fängt in der Vase leicht an zu faulen, wenn wir aus Faulheit das Wasser nicht erneuern. Er verstreut seinen klebrigen Blütenstaub auf Büfett oder Fensterbank. Und läßt er erst die Köpfe hängen, läßt er auch die Blütenblätter fallen. Wenn wir dann wischen und polieren müssen, zieht die Blumenzierde leicht unseren Zorn auf sich. Wollten sich die Blumenschenkenden Ihnen auch geneigt machen, nun sind Sie ihnen nicht mehr grün.

Betrachtet die Lilien auf dem Feld: Sie arbeiten nicht.

Von der Topf- und Schnittblume, nicht von der Bescheidenheit sollten wir sagen: Sie ist eine Zier, doch weiter kommt man ohne ihr. Aber zur konsequenten Enthaltsamkeit sind oft nur die fähig, die sich einen zusätzlichen Gewinn davon versprechen. Mehr Gesundheit zum Beispiel. Naturfreund zu sein, ist nicht mehr die reinste

Freude. Der Duft der großen, reinen Welt ist auch Blumenduft schon lange nicht mehr, eher der Duft der Großchemie. Mehr und meer sind Blumen ja Kunstdünger und Pestiziden ausgesetzt, die sie bestialisch verstoffwechseln und an die Raumluft abgeben. Torsten zum Beispiel, ein atopisches Sensibelchen, legt bei Blumen, obwohl Naturfreund, ein atypisches Verhalten an den Tag. Er stellt sich grundsätzlich keine ins Zimmer, weil er davon Kopfschmerzen und tränende Augen bekommt. Blumen, die man ihm schenkt, stellt er selbst im Winter nach draußen, von innen gut sichtbar. Überraschenderweise halten sie sich dort oft sehr lange.

Ich bin ein Chemieprimelchen, nimm es mir nicht übelchen.

Manch einer begnügt sich mit Streublümchen bei der Hochzeit und hat damit für sein Leben genug. Aber wer nicht darauf verzichten mag, sich Natur ins Haus zu holen – für Naturfreunde jeden Geschlechts bieten sich diverse Alternativen.
Vor allem in Herbst und Winter sind Strohblumen nicht das schlechteste. Ab und zu über Wasserdampf halten, wenn Sie ohnehin das Teewasser aufgesetzt haben. Das macht sie wieder blütenfrisch. Auch mit Plastikblumen kommen Sie auf einen grünen Zweig. Die haben den Vorteil, daß Sie dafür keinen grünen Daumen benötigen. Hin und wieder unterm Wasserhahn Schwenken befreit sie von der Staubschicht. Und eins muß man ihnen lassen: Sie sehen täuschend echt aus und sind von daher eine echte Erleichterung für die Hausarbeit. Nicht einmal Anhänger

des Feng-Shui, die mit Blumen das günstige Fließen des Ch'i beeinflussen wollen, haben damit Schwierigkeiten. Ganz offensichtlich ist es der Lebensenergie völlig egal, ob echte Blumen oder welche aus Plastik oder Seide den Ch'i-Fluß begünstigen oder scharfen Ecken die unheilvolle Spitze nehmen.

Stinkfaul mit Feng-Shui!

Die Liebe zur Natur zeitigt seltsame Blüten. Nicht nur jede Menge Blumensträuße. Auch jede Menge Krokusse und Kresse, Tränende Herzen und Trauerrosen, Tulpen und Tagetes, Blaukissen und Bitterwurz, Narzissen und Nachtkerzen, Bartnelken und Bechermalven, Fingerhut und Fuchsschwanz, Goldmohn und Gladiolen, Stiefmütterchen und Strandflieder für Vorgarten und Hintergarten. Manche Lisa wird da zum Fleißigen Lieschen. Da wird gekauft, geschleppt, eingetopft und umgetopft. Da wird gegossen und gedüngt und gespritzt und gejätet. Naturliebe par excellence. Doch wenn im September die Bäume ihre ersten Blätter fallen lassen, scheinen diese Naturfreunde von allen guten Geistern verlassen. Bunte Blätter auf dem Rasen machen offensichtlich rasend. Schnell wird da der grüne zum heißen weißen Daumen. Aus Pflanzenfreunden werden Putzteufel. Und es wird mit Inbrunst weggesaugt, was für das saubere Gartenbild nicht taugt.

Ein Laubsauger
heult selten allein.

Ideologisch, findet Thea, liegen Sie mit ökologischem Denken richtiger in der Hängematte, statt matt auf dem Balkon Blumenkästen einzuhängen. Für Sie sind Wildblumen und Blumenwiese das Richtige. Sie lieben sie und lassen Raupen und Blattläuse, Ameisen und Schnecken am Leben. Sie kennen keine unkrautfreien Zonen, weil Sie auf Igel und Maulwurf nicht verzichten möchten. Sie lassen die Natur in Ruhe Natur sein und halten es mit Joachim Ringelnatz: *Verstecke dich faul in der Fülle der Gräser.*
Womit wir bei der tierischen Hausarbeit angelangt wären. Manch einer begnügt sich damit, ein hohes Tier zu sein, statt ein Haustier zu haben. Unter Hausarbeitsaspekten betrachtet ist das das beste. Meistens gilt jedoch: Jedem Tierchen sein Pläsierchen. Haustiere werden tierisch ernst genommen. Der Wuschelhund darf Haare verstreuen, sabbern und schlabbern. Hundefreunde stört das nicht. Die Schmusekatze darf in die Gardinen klettern und die neue Sitzgarnitur zerfetzen. Katzenfreunde nehmen das gelassen hin. Und wenn der gelbe Kanarienvogel durchs Zimmer flattert, daß die Federn fliegen, und auf Tisch und Teppich Vogelschiß verkleckert, kommen Vogelfreunde gar nicht auf die Idee, daß auch sie dabei Federn lassen.

Ein fauler Hund, wer Schlechtes dabei denkt

Das ist ein dicker Hund, was Hunde für Arbeit machen. Den Umfang bestimmen Rasse und Geschlecht. Entscheiden Sie sich für einen großen oder kleinen Hund, für einen lauffaulen oder auslauffreudigen, für einen lang- oder kurzhaarigen, für eine Hündin oder einen Rüden – schon haben Sie die Weichen für mehr oder weniger Hausarbeit gestellt.

Große Hunde wie Retriever fressen mehr als Rauhhaardackel, Bernhardiner schlabbern und sabbern mehr als Pinscher. Bedenken Sie, daß nicht der hungrige Hund, sondern der Hundebesitzer jede Menge Dosenfutter und Hundekuchen herbeischleppen muß. Selbst wenn sich Ihrer wie in der Fernsehreklame mit dem Schleppen von Waschpulverpaketen revanchiert, ein Döschen wiegt einfach weniger als eine Kilodose, und wenn Sie dann noch die Petersilie aus der Werbung als zu aufwendig weglassen, ist der Freßaufwand beim Westhighlandterrier geringer.

Für große Hunde braucht man große Freß- und Wassernäpfe, große Schlafkörbe, große Dosen Vitaminpillen, große Säcke Trockenfutter und einen Sicherheitsgurt fürs Auto. Und wenn ein großer Hund beim Fressen neugierig den Kopf wendet, verstreuseln sich große Fleisch- und Gemüsebrocken über den Fußboden.

So oder so – damit Sie um den Freßnapf herum hinterher nicht den reinsten Saustall haben, empfehlen wir die Papiersets, die Sie schon aus Kapitel 4 kennen, auch für Hunde. Einfach drunterlegen, damit Sie nicht bei der Hausarbeit zulegen müssen. Und wer seinen Hund abends so füttert, daß es ihm richtig schmeckt, der braucht den Napf nicht zu säubern.

Große Hunde machen auch größere Hundetapser auf frisch gewischten Böden als kleine. Und wenn sie eine Neigung zu schwarzem Schlamm und frischem Mist entwickeln, gilt auch hier: Große Hunde sauen sich mehr ein als kleine. Und nicht immer können Sie, liebe Leserin, wie Theodor Storm meint, dem Mann die Schuld dafür geben.

Denn er ist schuld an allem, was sie plagt,
am Trotz der Mägde, an den großen Wäschen,
am Tagesmühsal und der Nächte Wachen,
schuld an dem schmutz'gen Pudel und den Kindern.

(Theodor Storm: Engel-Ehe)

Hundehaare können zum haarigen Problem werden. Manche Hunde wechseln ihr Fell nicht nur im Frühjahr oder Herbst, sondern, wie es aussieht, täglich. Das flauscht und flust und flockt über Fliesen oder Teppichboden. Das setzt sich auf Sessel und Sofa. Das klammert sich an Hosen und Röcke. Wenn die Hundehaare weiß und die Kleidung schwarz sind, ist Ihre Geduld und die Ihrer Gäste bald am Ende. Das Schlimmste ist: Sie können Ihren Fiffi oder Foxi noch und noch bürsten und kämmen – die Flut der Haare ist weder dadurch noch durch Vitamingaben einzudämmen.

Für alle diejenigen, die durch ihren flauschigen Hund nicht nur Haare auf den Zähnen, sondern auch auf den Bodenfliesen haben, Theas Tip für erste Hilfe: Fegen Sie Hundehaare mit Frisörbesen – richtig, der mit dem Gummikopf – zusammen.

Und damit Ihnen bei so viel Haaren nicht hundeelend wird, Torstens klasse Rasseempfehlung: Der Havaneser – die Hunderasse des Jahres 1997 – hat nicht nur ein Herz aus Gold, sondern angeblich auch ein langhaariges Fell, das nicht haart.

Der Hund als Mopp,
das ist ein Flopp.

Dem Hund das Fell zu gerben, wäre eine andere Möglichkeit, haarige Probleme in den Griff zu bekommen. Eine weitere, ihm das Fell über die Ohren zu ziehen. Noch besser und tierlieber: sich gleich einen Nackthund anzuschaffen. Nackthunde, die aus Südamerika, Afrika und China zu uns gekommen sind, gelten zwar als versnobt. Doch Haare sind bei ihnen eine Rarität. *Chinese crested dogs* haben nur ein helles Haarbüschelchen auf dem Kopf, leisten mit ihren großen Augen und dem ausgeprägten Kindchenschema alles, was Ihr Herz an Hund begehrt. Sehen wir den nackten Tatsachen ruhig ins Gesicht. Mit einem Nackthund ersparen Sie sich auch den Einkauf, das Füllen und das Ausleeren einer Wärmflasche. Ihre hohe Körpertemperatur von 40 Grad hält Frauchen oder Herrchen warm.

Gar kein Hund macht die wenigste Arbeit. Doch genau wie Sie finden wir diese Lösung ziemlich kaltschnäuzig. Wir haben Verständnis, daß Sie auf die kalte Hundeschnauze, die Sie anstupst, ebensowenig verzichten möchten wie auf den treuen Wächter, der sich bei Gewitter zitternd in Ihr Kopfkissen drückt. Auf das Tier, das mit seinem Kindchenschema Ihr Haushaltsschema durcheinanderbringt. Ein Stoffhund täuscht wohl nur Kleinkindern vor, daß er als treuer Kamerad zur Seite steht, und darüber hinweg, daß er ihre tapsigen Liebesbeweise nicht erwidert.

Ausgefuchst finden wir den ausgestopften Hund. Er spart Hausarbeit auf schlaue Art. Wenn »Der ausgestopfte Hund« sich auf der Bühne gutmacht, dann auch auf dem

Büfett. Und er hat den Vorteil, daß man mit ihm nicht Gassi gehen muß. Die eigene Lauffaulheit können Sie übrigens auch mit der Wahl der richtigen Rasse beeinflussen. Mops und Basset brauchen weniger Auslauf und laufen auch einfach weniger und langsamer als Wind- und Jagdhunde. Fürs Gassigehen, das täglich mehrmals anfällt, wenn der Hund kein Hundeleben führen soll, empfehlen wir die tierlieben Nachbarn, die selbst keinen haben und sich Ihren Hund für den Spaziergang ausleihen oder zum Joggen.
Aufatmen können wir erst, wenn wir wissen, wo der Hund begraben liegt.

Alles für die Katz

So stark entwickelt, wie man gemeinhin sagt, ist der Sinn für Häuslichkeit bei Katzen gar nicht. Wie Hunde lassen sie Haare. Lassen ihr Fressen gern den ganzen Tag über stehen. Wetzen ihre Pfoten an Sofas und Sesseln. Oder am Fensterkitt. Auf samtweichen Tatzen tragen auch sie Schmutz ins Haus. Doch gegenüber Hunden haben sie einen Vorteil: Gassigehen müssen sie nicht. Sie haben ein Katzenklo im Flur – weniger arbeitsaufwendig wäre das allerdings in Nachbars Garten. Von wegen: *Die Katze läßt das Mausen nicht*. Das gilt nicht einmal für solche, die wir täglich füttern. Sie mausen auch, aber nur, um den Jagd- und Spieltrieb zu befriedigen. Weil Sie das tägliche Dosenfutter herbeischleppen, schleppt die gutgenährte Katze die Mäuse zum Spielen ins Haus. Wer auf Mäuse als Haustiere nicht steht, muß danach öfter hinterm Schrank oder unterm Sofa suchen. Kaufen und füttern Sie weniger Dosenfutter, wird die Katze das Mäuschen auffressen. Na ja, und Singvögel eben auch. Wenn Katzen ums Vogelhäuschen schleichen, machen nicht nur Vogelliebhaber viel Federlesens. Dennoch – mit diesem Trick kommen Sie Katzen auf die Schliche, damit nicht die ganze Hausarbeit für die Katz ist.

Ist der Kratzbaum auch mordshäßlich, schärft die Katze sich besser ihre Krallen daran als an Ihrer Sofalehne.

Haarig wird es auch bei Katzen je nach Rasse. Seidenweich angorapelzig läßt die Katze mehr Haare als streifig getigert. Trotz ihrer himmelblauen Augen können wir mit einer Perserkatze weniger blaumachen. Doch wir müssen nicht verzagen. Auch das gibt es: die Nacktkatze.

Und lassen wir die Katze ruhig aus dem Sack. Freilaufend machen Kater und Katze weniger Arbeit. Wenn er rollig oder sie läufig ist, sind beide tage- und nächtelang weg. Was fürs Aufräumen und Blumengießen gilt, gilt auch hier: Wer öfter unterwegs ist, kann zu Hause seltener kratzen, knabbern, kotzen und ins Katzenklo pinkeln.

Für Hunde und Katzen gilt gleichermaßen: Sie bringen Ihnen ab und an weitere Tiere ins Haus. Die Flöhe vom Nachbarhund, die Zecken aus dem Wald. Und Flöhen ist gar nicht so leicht beizukommen. Natürlich könnten Sie die chemische Keule einsetzen, aber die müssen Sie auch erst einkaufen und nach Hause schaffen. Lieben Sie Ihren Hund? Ihre Katze? Dann kraulen Sie das Tier und knacken Sie dabei die Flöhe, die Ihnen unter die Nägel kommen. Übrigens die sicherste Methode, sie loszuwerden. Ähnliches gilt für Zecken. Blutige Flecken durch Zecken, vor allem im weißen Tennissocken oder Teppichboden, sind ganz schön arbeitsträchtig. Bevor Sie deshalb Zecken erlauben, sich prall gefüllt unter den Schrank davonzumachen, und bevor Sie mit dem Fuß drauftreten, drehen Sie sie lieber gleich – im umgekehrten Uhrzeigersinn – aus der Hunde- oder Katzenhaut. Es ist einfach so:

Die Faulen kraulen.

Bloß keine faulen Fische

Kleine Fische? Wenn es um Hausarbeit geht, ist das glatt untertrieben. Fisch will schwimmen. Da muß ein Aquarium her, das ab und an gereinigt werden muß. Dann Wasserpumpe und Wasseraufbereiter. Filter und Neonbeleuchtung. Thermometer und Heizung. Und damit die Fische sich wohl wie Fische im Wasser fühlen, Kieselsteine und Kies, Pflanzen und Fischfutter, Mückenlarven und Wasserflöhe, Schnecken und Muscheln. Sie merken selbst, es welst sich eine Menge Arbeit auf Sie zu, wenn Sie sich für Wels oder Zahnkarpfen entscheiden.
Denn den Zahn müssen wir Ihnen leider ziehen. Wer sich mit Zierfischen die Tropen ins Haus holt, den sucht mehr Hausarbeit heim. Freut oder beruhigt die lebhafte Färbung, absonderliche Gestalt der Barben und Buntbarsche, der Roten von Rio und Neonfische – der Goldfisch mit seinem Schleierschwanz verschleiert kaum die Tatsache, daß auch er Arbeit macht. Und es sind keine faulen Fische, wenn wir behaupten: Kaltwasserfische machen weniger Arbeit als Warmwasserfische. Stichling und Bitterling lassen uns das Vergnügen weniger bitter werden. Unnötig

jedoch, das Bemühen um saubere Fische so weit zu treiben wie Theas Jüngster, der – völlig aus der familiären Art geschlagen – Shampoo ins Aquarium goß, daß es nur so schäumte, überquoll und auch auf dem Fußboden zum schaumigen Alptraum wurde; die Fische hatten hinterher trotzdem noch Schuppen.
Wenn Sie, was Fische betrifft, Fischblut in den Adern haben, werden Sie den Lachs auf dem Teller und Ölsardinen in Dosen bevorzugen.
Sicher, an der Liebe zu Gold- oder Silberfischen scheiden sich die Geister. Möchten Sie trotzdem nicht auf Fische verzichten? Weil nach der Feng-Shui-Lehre des tibetisch-tantrischen Buddhismus mit dem Goldfisch im Glas garantiert Geld ins Haus kommt? Dann ist Ihnen nicht zu helfen und werden Sie die Arbeit, die er macht, auf sich nehmen müssen, selbst wenn diese zusätzliche Hausarbeit Ihr Ch'i negativ beeinflußt, wie das bei Thea immer der Fall ist.

Und wie halten Sie es mit Vögeln? Richtig, das ist ganz allein Ihre Sache.

Der Tiere sind genug gewechselt, denn unmöglich, sie alle aufzuzählen. Egal, ob Ihre Neigung dem stark köttelnden Meerschweinchen, dem nachtagilen Hamster oder dem Zwergkaninchen gilt, das sich zum Riesenrammler mausert, egal, ob Ihre Tierliebe sich zu weiße Mäuse mümmelnden Riesenschlangen, in der Sofaecke lauernden Leoparden, am Fensterflor tarzanspielenden Gorillas oder besagtem Kaiman in der Badewanne versteigt – es ist schon eine Affenschande, daß Sie diese Tierliebe zu Haustieren nicht ohne zusätzliche Hausarbeit ausleben können. Glatt rammdösig könnte man dabei werden, aber eins ist sicher:

Faultiere halten keine Haustiere.

11 Auf dieser Masche reiten: ohne Nadel und Faden

Zwei alte Tanten wie Theas Tante Mia und Mimi tanzten in vorkreislerscher Zeit nicht Tango, sondern durften und konnten die Hände nicht ruhig halten. Muße und Nichtstun stand Mädchen und Frauen nicht an. Nicht einmal, wenn die übrige Hausarbeit getan war. Stillsitzen? Ausruhen? Die Hände in den Schoß legen und die Gedanken schweifen lassen? Von wegen. Da wurde gehäkelt und gestrickt. Decken und Deckchen. Kissenplatten, Taschentücher. Pullover und Strickjacken. Warme Röcke und Schals, Strickjacken. Da wurde gestopft, geflickt und genäht. Löcher in Socken und Jackenellenbogen, in Röcken und Blusen. Die Aussteuer gestickt, gebleicht und geplättet für Kisten und Kästen, die nie geöffnet wurden. Und das unermüdlich und unablässig. Weil Mia und Mimi so erzogen worden waren. Weil die weibliche Sozialisation Frauen durch Beschäftigung beschränkte. Nicht zwischen Hausarbeit und Handarbeit unterschied. Und Frauen – entgegen dem, was sie im Märchen vom tapferen Schneiderlein lasen – suggerierte und schmeichelte, daß ihre zarten Finger die Nadel besser halten könnten. So ließen Frauen sich durch Herrenschneider den Schneid abkaufen und waren, wo es ums lukrative Nähen ging, schnell aus dem Schneider.

Zum Glück sind die Zeiten vorbei, wo Frauenhände in steter Bewegung idealisiert wurden. Mögen Männer das auch bedauern, vorbei sind auch die Zeiten, wo ein abgerissener Knopf an Männerhosen Frauensache war. Besonders bedauerlich, findet Torsten, in Zeiten, wo durch Maschinen angenähte Knöpfe bei neuen Hemden schnell am seidenen Faden hängen. Männliche Singles kommen oft gar nicht darum herum, ihn selbst wieder anzunähen. Bei ihnen gehört das zu einer, wenn auch ungeliebten Hausarbeit. Wie übrigens auch bei vielen Frauen, die nach Männern wie dem *Englischen Patienten* geradezu lechzen, der ihnen im Liebesrausch die Kleider vom Leib und kaputtreißt, sie hinterher aber auch wieder zusammennäht. Die Katharinas Aussage, Frauen sollten nicht nähen, und wenn sie es könnten, auf keinen Fall zugeben, daß sie es könnten, wie den Katechismus verinnerlichen. Mit Nadel und Faden umgehen ist Frauen nicht in die Wiege oder in die DNS gelegt worden. Doch immer noch wird suggeriert, daß Frauen bei der Hausarbeit mit Nadel und Faden alle Fäden in der Hand halten, Männer mehr für die losen Fadenenden, die Flausen, zuständig sind.

Sie merken selbst, wie genau wir hier unterscheiden müssen: Hausarbeit ist nicht Handarbeit. Handarbeit, die dazu dient, Frauenhände in Bewegung und von anderem abzuhalten, ist trotz aller Emanzipationsbestrebungen noch längst nicht tot und begraben. Sie feiert in anderem Gewand munter Auferstehung. Kreativ nennt sich, was eigentlich Beschäftigungstherapie ist. Fast jede Frauenzeitschrift bietet die absonderlichsten Möglichkeiten an, kreativ zu werden. Sie können Pullover stricken oder Bettumrandungen für das Himmelbett häkeln, in Patchwork für Tagesdecken und Sofakissen schwelgen, Deckchen

zum Christfest mit Weihnachtsmännern besticken oder zu Ostern Tischdecken voller Ostereier batiken und zur gebatikten Decke voller Ostereier farblich und technisch abgestimmt die hartgekochten Eier mit demselben Muster – was denn? – batiken. Und das ohne alle Kriterien oder Irritationen von Kunst und Kitsch. Muß frau wirklich bei Kreativität dieser Art so hartgesotten wie Thea sein, um zu erkennen, daß wir es hier mit einer nicht auf Dauer angelegten Kreativität zu tun haben? Während männliche Kreativität sich um einen Platz in Museen bemüht? Ist es nicht einfach so, daß selbst der von Frauen kreativst hergestellte Federblumenstrauß letztlich nichts anderes ist als ein kitschiger Staubfänger, der irgendwann in der Mülltonne landet, während von männlicher Hand geschaufeltes Blei im Hamburger Kunstmuseum nicht terristische, aber serrastische Ewigkeitsansprüche stellt?
Andererseits – darüber sind sich Thea und Torsten einig – stößt eben jene frauenermunternde Kreativität in ein Vakuum. Weil die Menschen, Frauen mit Doppel- und Dreifachbelastung zumal, nicht mehr zu echter Muße fähig sind: Dem kreativen Nichtstun in der Hängematte. Deshalb unser Rat: Lassen Sie die Finger von kreativer Frauenhandarbeit. Nur durch handarbeitsfreien Müßiggang wird die eigene Kreativität freigesetzt. Denn das, was Ihnen als Freizeitkreativität vorgesetzt wird, ist aufgesetzt und fremdbestimmt. Die gutgemeinten Anregungen machen Sie zu einem Kind, das ein Bilderbuch mit vorgestanzten Zeichnungen ausmalt und das stolz für Kunst hält.

Die Muse küßt nur in der Muße.

Aber Nähen und Stricken ist doch ein Teil der Hausarbeit? Notwendig, um Löcher in den Socken und in der Haushaltskasse zu stopfen? Nun gut, betrachten wir das, was an Hausarbeit übrigbleibt, wenn wir die Handarbeit eliminieren.

Der reinste Nadelwald: Nähen, Flicken und Stopfen

Müssen wir Formaldehyd, Pentachlorphenol oder Lindan auch aus umweltlichen Gewissensgründen verteufeln, machen sie unsere Haut auch zur Mülldeponie, sichern sie uns doch die Qualität unserer Socken, Unterwäsche, Bein- und anderer Kleider. Nur was trotz aller chemischen Keulen noch kaputtgeht oder in Liebeswahn, jugendlichem Eifer zerrissen wird, muß überhaupt noch geflickt werden. Sie wissen, wer einen langen Garnfaden benutzt, braucht seltener einzufädeln und weniger Knoten zu machen, selbst unter der Gefahr, daß ein langer Faden sich leichter verheddert. Also selbstverständlich:

Langes Fädchen – faules Mädchen.

Immer, wenn Thea als Kind diesen Spruch von besagten Tanten hörte, ist bei ihr offenbar der Faden gerissen. Statt die Fäden in der Hand zu halten, verlor sie den Faden lieber. Wahrscheinlich ist das der Grund, warum heute alle Fäden bei ihr zusammenlaufen. Und sie öfter Dinge einfädelt als früher.
Befreiungsschläge der besonderen Art empfiehlt Thea:

Verkaufen Sie die Nähmaschine. Es findet sich schon jemand, der diese Empfehlung nicht gelesen hat. Inspizieren Sie Ihren Nähkasten und werfen Sie alles weg, was nicht unbedingt nötig ist: die diversen verschiedenfarbigen Garne. Die Knöpfe. Stoßbänder und Schrägbänder. Was Sie brauchen? Da Sie nicht an der Nadel hängen, wenige Nadeln, um notfalls einen Splitter auszuziehen. Schwarzes und weißes Garn. Suchen Sie sich ein kleines, hübsches Holzkästchen, höchstens zwanzig mal zehn mal zehn für den lebensnotwendigen Rest. Lesen Sie genüßlich in der Bergpredigt: »Sorget nicht ängstlich für euer Leben, ... auch nicht für euren Leib, womit ihr ihn bekleiden sollet.«

Notfalls nähen Sie mit der heißen Nadel.

Aber Stoßbänder an Hosen? Aufhänger an Küchen- und kuscheligem Frotteebadetuch? Nun, ganz einfach: erstere können Sie, wenn sie nötig werden, mit Prit oder Uhu ankleben. Als Aufhänger gibt es diese wunderbaren Druckknipsbändchen. Sitzt das Loch im karierten Küchenhandtuch günstig in der Ecke, hängen Sie das Tuch daran über den Haken. Frotteehandtücher im Bad gehören ohnehin über die Stange gelegt, damit sie besser trocknen können. Sie werden doch niemandem am Zeuge flicken wollen? Zumal in einer Zeit, die Loch und Riß, Flicken und Fetzen zur alternativen Modekultur erhebt? Nein, bloß kein Flickwerk. Zumal an Jeans. Sie kriegen keinen Schreck, wenn der Teenager zur Schere greift und Löcher und Risse modisch erweitert. Wer da noch zur Nadel greift, ist wirklich selber schuld. Übrigens auch, wer Jeans in falscher

Hosenbeinlänge kauft, wo es inzwischen für alles, was Beine hat, die passenden Größen und Zwischengrößen gibt. Im äußersten Fall kann man jemandem lange Beine machen oder muß er sich die Beine etwas ablaufen.
Leider verhindert selbst die verläßliche Chemie nicht das Loch in der Socke. Was tun? Die einfachste, allerdings nur in drei Jahreszeiten anwendbare Methode: keine anziehen. Animieren Sie den Partner zu sockenloser Mode. Auch wenn die Krimiautorin Amanda Cross davon spricht, daß beim elegant gekleideten Mann zwischen Socke und Hose kein Zentimeter nacktes Bein sichtbar werden darf, Sie lassen sich davon nicht auf den falschen und hausarbeitsträchtigeren Pfad führen. Appellieren Sie an seine Männlichkeit. Und an seine hübschen Waden. Mußten Sie sonst Socken stopfen, werden Sie jetzt kreativ und kreieren eine neue Ohne-Socken-Mode: Sie werden sich wie eine Künstlerin, ein Künstler fühlen, wenn Sie zum letzten Mal Hand an Socken legen.
Ist der stopffaule Partner glatt von den Socken, wenn Sie ihm mit Ihren Vorschlägen kommen, laufen Sie sich nicht die Sohlen ab, um das passende Stopfgarn zu finden. Geben Sie ihm sauren Wein zu trinken, der die Löcher in den Socken zusammenzieht.

Lieber Händchen halten als die Stopfnadel.
Und statt die Nadel im Heuhaufen suchen, lieber . . .

Wenn alle Stricke reißen: Häkeln und Stricken

Diese Masche reizt Thea niemals aus: Häkeln und Stricken gehören für sie zur Handarbeit, die leicht in Hausarbeit ausartet. Auch Torsten weigert sich standhaft, der Frauenemanzipation derart Vorschub zu leisten, daß er zu Häkel- oder Stricknadeln greift.

Deckchen und Kissenplatten zu häkeln, widerspricht allen Grundsätzen aus Kapitel 2 und 7. Das Papiertaschentuch erspart nicht nur Waschen und Bügeln. Sie brauchen auch Taschentücher nicht mehr zu umhäkeln, seit es Tempo mit Rand und Schmeichelcreme für die Nase gibt. Trug Mann früher wenigstens zu gesellschaftlichen Anlässen wie Bällen oder Kongressen das linnene Schnupftuch in der Hosentasche, tut es inzwischen das gesellschaftlich avancierte Papiertaschentuch.

Befreien Sie sich von Hausarbeit mit Haken und Ösen.

Ob Sie patent- oder das Strickmuster der Patentante stricken – mit dieser Masche dürfen Sie Thea nicht kommen. Natürlich ist an Thea wie Torsten die Tatsache nicht unbemerkt vorübergegangen, daß Pulloverstricken in Hörsaal oder Bundestag zu gewissen Zeiten sehr in Mode war und immer wieder in Mode kommt. Einfach kriminell, was da an Schals und zeltartigem, flusendem Flausch schnell von der Hand geht. Zwar läßt auch Miß Marple, die übrigens genau wie Hercule Poirot eine Haushaltshilfe hat, keine Maschen fallen. Aber nur, weil sie sich dabei unge-

hemmt ihrer grauen Zellen bedient, damit der Mörder nicht durch die Maschen des Gesetzes schlüpft.
Natürlich hat ein selbstgestrickter Pullover etwas Bestrickendes, wenn auch nicht unbedingt die strickende Frau, der strickende Mann. Auch etwas Kommunikatives, dem man sich vielleicht ungern entzieht, dem man aber durchaus entsagen kann. Sie kann mit dem Partner debattieren, was ihm an Farben und Mustern und Modellen gefällt. Er muß die Wolle halten, die sie zu Knäueln wickelt. Sie muß Maß nehmen. Bis dahin ein vergnügliches Spiel, das seine Reize hat. Dann geht es los: Sie muß eine Probe zehn mal zehn stricken. Die Nadeln aus Metall oder aus alternativem Holz klappern und produzieren mehr oder weniger unförmige und wildgemusterte Vorder- und Rückenteile, Arme, die zusammengenäht werden müssen. Und das Allerschlimmste: Nachdem sie unendlich viele Maschen gehoben, abgenommen und zugenommen, etliche auch fallengelassen hat, verhedderte Fäden auseinandergeknüpft und Wollknäuel vor der Katze gerettet hat, nachdem sie die Einzelteile unter Handtüchern gedämpft und anschließend zusammengenäht hat, sieht das Produkt leider auch wie selbstgestrickt aus. Hat es nicht das modische Flair eines Fertigpullovers. Steht ihm das handgestrickte Exemplar keineswegs so zu Gesicht wie das aus dem Kaufhaus. Er (und/oder die Kinder) zeigen falsche Begeisterung, noch schlimmer, maulen. Kurz: Ihr wird für all die fingerfertige Hausarbeit keineswegs das gerechte Lob zuteil.
Wer mit Gestricktem derartige Erfolge zeitigt, kann mühelos und ohne schlechtes Gewissen die Nadeln sinken lassen und einem maschenlosen Leben frönen.

Aber was tun, wenn er, durch mütterliche Maschen verwöhnt, nur Selbstgestricktes tragen möchte? Wenn er oder Sie, die bestrickende Leserin, glauben, nach Strick und Faden die Haushaltskasse aufbessern zu müssen? Und das, obwohl Sie gegen Stricken allergisch sind? Unser Angebot: Sie drehen ihm und sich keinen Strick daraus. Sie sagen nein. Aber Sie schieben es nicht aufs Stricken, sondern auf die Wolle. Sie würden ja gern, wenn Sie könnten. Aber leider, leider sind Sie allergisch gegen das Formaldehyd, mit dem die Wolle getränkt ist. Gegen die schwermetallhaltige Farbe. Für atopische Strickerinnen übrigens nicht unbedingt eine faule Ausrede. Sie bekommen tatsächlich beim Umgang mit Wolle rotgeränderte Augen. Atypische Strickerinnen müssen vielleicht mit ein bißchen Glyzerin nachhelfen. Deshalb die neue Masche:

Bloß nicht zum Strick greifen.

12 Wenn die Putzfrau zweimal klingelt: Putzkolonnen

Wohl dem, der Kolonnen aufmarschieren lassen kann, die ihr oder ihm die Frustarbeit abnehmen. In dem westfälischen Städtchen Bünde ist das kein Problem – sofern Sie nur genug Geld haben. Ob Einkaufen, Putzen, Kochen, Abwaschen oder Gassigehen mit dem Hund, all das ist ein Job für DIE ERLEDIGER. Damit Sie nicht erledigt sind, bietet diese Serviceagentur Dienstleistungen aller Art an. Nicht nur rein theoretisch könnten Sie sich sogar jemanden kommen lassen, der Ihnen den Haushalt organisiert. Ob allerdings unter dem Aspekt *ein Minimum an Arbeit gegen ein Maximum an Erfolg*, bleibt dahingestellt.

Für die meisten von uns heißt es aber bedauerlicherweise kurz und bündig: selbst ist die Frau, der Mann. Weil wir nicht in Bünde wohnen. Weil wir nicht genügend Geld für dienstbare Geister haben. Weil wir Helfern im trauten Heim nicht über den fusseligen Weg trauen.

Nun müssen es ja nicht gleich ganze Kolonnen sein. Auch Einzelwesen, die den Besen schwingen oder Staubsauger lenken, können uns entlasten und zu mehr fauler Freizeit verhelfen. Aber auch die einzelne Putzhilfe müssen wir bezahlen. Unbezahlbar sind natürlich solche, die umsonst für uns hausarbeiten, weil alles andere vielleicht unbezahlbar ist.

Nicht zu unterschätzen ist da das Kräftereservoir in Partnerschaft und Familie. Damit die Hausarbeit nicht an Ihnen allein zehrt, lassen Sie zuerst einmal die Partnerin, den Partner aufmarschieren.

Notfalls tut es der Einzelkämpfer.

Mit von der Partie: Partner

Haushaltsroboter in amerikanischen Komödien bringen uns zum Lachen. Wenn sie rollend durch die technisch hochgerüstete und blinkende Wohnung sausen. Wenn sie uns mit piepsiger Stimme auffordern: »Keine Polenta ohne Polieren.« Wenn sie etwas zuviel des Guten tun und neben Staub auch noch die teure Rolex verschlucken. Doch viel weiter als bis zum Müllschlucker, der uns den Weg zur Mülltonne erspart, haben wir es kaum gebracht. Wir müssen selber ran, und jeder drückt sich vor der ungeliebten Hausarbeit, wo und wie er kann.

Kein Wunder, daß Hausarbeit zum Zündstoff in Beziehungen wird. Oder gar zum Beziehungskiller. Hausarbeit ist traditionell Frauensache. Von Männern wenig geschätzt und gewürdigt. Wie sie schon als kleine Jungen das, was Mädchen tun, als Mädchenpipikram einschätzen und abwerten, beurteilen Männer auch Hausarbeit: das bißchen Haushalt. Und weil es so wenig ist und dazu auch noch Frauensache, machen sie sich damit erst gar nicht, selbst wenn SIE wie er berufstätig ist, die Hände schmutzig und schon gar kein Gewissen wegen IHRER Doppelbelastung.

Er hat zwar keinerlei Erfahrung in dieser Frauensache. Er

kennt zwar nicht Umfang und Menge der anfallenden Arbeit. Aber er ist ein Mann. Und das genügt, behauptet Thea, ihn glauben zu lassen, er könne und müsse ein gehöriges Wörtchen mitreden. Das bißchen Haushalt, sagt er, wenn sie das etwas besser durchorganisiert, kriegt sie das in den Griff. Dann ist sie abends nicht völlig kaputt und auch nicht mehr auf seine Hilfe angewiesen. Wenn er aber einmal den Mülleimer hinunterträgt, die Kinder ins Bett bringt oder den Staubsauger zur Hand nimmt, erwartet er Anerkennung für seine Hilfsbereitschaft. Provoziert das Gefühl, ewig dankbar sein zu müssen. Streicht groß heraus, was selbstverständlich sein sollte.

In vielen Familien immer dasselbe Abendlied: die Abreibung für die Kinder und Reibereien zwischen ihr und ihm. Letzteres hat seinen Grund nicht nur in der ungleichgewichtigen Hausarbeitsteilung. Nein, auch die Vorstellungen von Ordnung und Sauberkeit driften bei Paaren und solchen, die es werden wollen, oft auseinander. Wir tragen nicht nur das Kind, sondern auch den kleinen Dreckspatz oder den reinen Engel in uns. Durften wir uns, als wir klein waren, nicht schmutzig machen oder richtig einsauen, werden wir als Erwachsene auf Sauberkeit achten und unseren Kindern wiederum den bekömmlichen Umgang mit Dreck und Speck verwehren. Verinnerlicht haben wir auch Haushaltsschemata, an die wir von Kindheit an gewöhnt sind. Nicht zuletzt werden diese davon geprägt, wie unsere Eltern mit Staub und Schmutz umgegangen sind und wie sie die Hausarbeit unter sich aufgeteilt haben. Ist Mutter mit dem Scheuerlappen stets hinter uns her gewesen, hat sie stets hinter uns her geräumt, werden wir selbst wie bescheuert putzen und pingelige Ordnung für selbstverständlich halten. Ist schon mit der Fernsehzeitung auf dem Couchtisch und nicht erst mit dem Kamm in der Butter unsere Schmerzgrenze erreicht, werden seine Socken oder ihre Haarnadeln auf dem Teppich zum Störfaktor in der Beziehung. Hat Mutter nichts lieber als die schmutzigen Hemden des Sohnes gewaschen, wird Sohnemann erwarten, daß ein weibliches Wesen das weiterhin für ihn tut. So trainiert, prallen sehr unterschiedliche Haushaltswelten aufeinander. Wahrscheinlich ist es richtiger, vor jeder gemeinsamen Häuslichkeit nicht die religiöse, sondern die haushälterische Gretchenfrage »Wie hältst du's mit der Ordnung und Sauberkeit?« zu stellen. Um Situationen zu vermeiden, wo einer schlampt und der andere alles hinter ihm oder ihr her räumt. Oder wo er schon auf dem Weg zur Arbeit ist und sie noch genug Arbeit damit hat, seine Hemden und Unterhosen vom Boden aufzuheben.

Was Ehe- und Paarberater für diese alltäglichen Konfliktsituationen anbieten, sollten die Vorsichtigen unter Ihnen vor allen drastischen Maßnahmen, wie wir sie unten vorschlagen, ausprobieren. Also sprechen Sie mit Ihrer Partnerin, Ihrem Partner ruhig darüber, welche Ordnungsvorstellungen jeder hat, was Ihnen für einen nach Ihrem Geschmack geordneten Haushalt wichtig ist oder nicht. Sprechen Sie ruhig über die Gefühle, die die Partnerin, der Partner durch Ordnung oder Unordnung bei Ihnen auslösen. Von uns aus auch in entspannter Situation außerhalb der Wohnung, nicht gerade angesichts der Zigarettenkippen neben dem überquellenden Aschenbecher oder der vollen Pampers neben dem Telefon. Also in einem netten Restaurant vielleicht. Ganz Raffinierte allerdings suchen sich dafür eine Umgebung aus, die den eigenen Ordnungsvorstellungen entgegenkommt und die Partnerin, den Partner unbewußt psychisch weichklopft. Ordnungsfanatiker bevorzugen einen Spaziergang im Park über gepflegten Rasen oder die Wohnung von gleichgesinnten Freunden. Fröhlichen Schlampern hingegen raten wir für diese Seelenmassage zum alternativen Bistro oder Biergarten, zum Atelier eines Künstlerfreundes.

Hausarbeit teilen ist gar nicht so leicht, hält Torsten dagegen. Weil Frauen oft glauben, sie könnten alles besser. Situationen wie diese sind in Haushalten gar nicht so selten: Da scheuert er eifrig die Badewanne, schon greift sie sich den Schwamm und wischt hinterher, weil es nicht sauber genug ist, weil er in Längsrichtung putzt, was sie quer schrubbt. Weil sie fürchtet, der Mann könnte den Schwamm wie das neugeborene Baby fallen lassen. Da macht er das Abendessen und sie funkt ihm andauernd dazwischen: »Hast du Pfeffer drangetan?« – »Du mußt unmrühren.« – »Hast du auch nicht die Petersilie vergessen?« Sehr fraglich, ob diese Besserwischi auf Dauer die Putz- und Küchenhilfe Peter bei der Stange hält.

Obwohl in ihren Genen Putzen oder Kochen nicht speziell angelegt ist, laufen Frauen Gefahr, ihrem Partner den Lappen oder Kochlöffel aus der Hand zu reißen, um selbst – und dann stöhnend – Hand anzulegen. Noch schlimmer – sie neigen als Putzig-Perfecti-Typ zu haushälterischem Perfektionismus. Da wird pingelig geputzt und jedem Staubkorn der Garaus gemacht; da wird jeder Kochlöffel nach Gebrauch gleich gespült; da wird die Wäsche innen und außen gebügelt, selbst die Unterhemden geplättet und gefaltet, daß andere einfach platt sind.

Deshalb haben Männer – behauptet Torsten – so viele Maschen entwickelt, wie sie nicht haushalten, sondern sich heraushalten. Maschen für Drückeberger, leicht durchschaubare Strategeme, die – findet Thea – auch für Frauen manchen Anreiz bergen. Statt sich darüber zu ärgern, sollten Sie, liebe Leserin, sie ebenfalls anwenden und ausreizen. Und keine Bange – Strategeme, die man erkennt, kann man unterlaufen. Hier also die männlichen Maschen, wie frau und man sie anwenden und abwenden.
Masche eins verlangt nicht viel und ist besonders für Menschen mit einem fundierten starken Ego geeignet, die sich selbst nichts beweisen müssen. Stellen Sie sich hilflos: »Was mache ich jetzt bloß?« – »Wie mache ich das bloß?« sind die Standardsätze, die Ihre Partner in Bewegung setzen. Das Helfersyndrom ist bei vielen Menschen entwickelt. Die können gar nicht anders. Denn mit Ihrer vermeintlichen Schwäche appellieren Sie an deren Stärke. Machen Putzen oder Kochen Sie schwach, fühlen sich diejenigen, die das für Sie übernehmen, stark.
Wie Sie dieser Masche beikommen, hängt nicht zuletzt davon ab, wie stark das Helfersyndrom bei Ihnen selbst ausgeprägt ist. Wer das Immunisierungsprogramm aus Kapitel 13 durchlaufen hat, wird keine Schwierigkeiten haben. Angesichts der Stapel schmutziger Teller oder des Haufens gewaschener Wäsche, die der Leine harrt, angesichts verkniffter Hemden oder versalzener Suppe verkneifen Sie sich, selbst Hand anzulegen, aber nicht humorvolle Bestätigung oder hausarbeitsparende Ratschläge wie: »Mit dem richtigen Spülmittel bist du schneller damit fertig als die in Villa Riba.« – »Vielleicht solltest du dir einen Trockner anschaffen.« – »Unterm Jackett sieht man

die Kniffe gar nicht, das kannst du mir glauben.« – »Ich habe das Rezept zwar anders in Erinnerung. Aber so schlecht schmeckt das gar nicht. Übrigens, das Kochbuch steht im Regal ganz links.« Und zuckt es Ihnen noch sosehr in der Hand, notfalls müssen Sie Ihre Hand in die Tasche stecken. Oder zur Faust ballen.

Die Masche mit den zwei linken Händen – Masche eins nicht unähnlich – benutzen wir alle gern in Bereichen, vor denen wir uns lieber drücken. Warum die Steuererklärung selbst machen, wenn Vater das gern übernimmt? Oder das Fahrrad aufpumpen, wenn der starke Freund meint, das kann er besser? Oder das Rad wechseln, wenn ein Vorüberfahrender anhält, um das zu übernehmen? Also stellen Sie sich ungeschickt an. Sie zerdeppern das Geschirr beim Abwasch. Sie nähen den Knopf an der Hose so locker an, daß er nicht hält. Sie verbrennen – selbst wenn Ihnen das Wasser im Mund bei dem Gedanken daran stockt – das Kotelett in der Pfanne. Sie lassen den Staubsauger nicht saugen, sondern Staub blasen.

Was aber tun, wenn er diese Masche reitet? Staubwolken aushustend? Angesichts der Scherben Ihrer schönsten Meißner Tasse? Bleiben Sie Resis Tante. Ärgern Sie sich nicht. Und drängt es Sie mit Ihrem weiblichweichen oder weiblichempörten Porzellanherz noch sosehr, ihm den Lappen aus der Hand zu reißen, trösten Sie ihn: »Mach dir nichts daraus. Du lernst das schon.« Schieben Sie dann noch nach: »Vielleicht fühlst du dich unbefangener, wenn du allein in der Küche bist. Ich warte unten in der Eckkneipe auf dich.«

Unsere Umfrage in Sachen Haushalt hat ergeben, daß Masche drei von Frauen wie Männern gleichermaßen angewendet wird, bei Männern überraschenderweise ebensogut zieht. Offensichtlich lassen sich alle gern in der Schmeichelfalle fangen. Sagt sie mit gekonntem Augenaufschlag: »Ach, Schatz, machst du uns mal wieder das leckere Champagnerrisotto?« oder »Dein Champagnerrisotto schmeckt am besten«, dann taut er die Garnelen auf und greift zur Tüte mit Carnaroli-Reis. Wie sie zum Bügeleisen, wenn er findet: »Bei dir werden die Hemden einfach tadellos glatt. Ich kriege das nicht so hin.« Oder: »Mein Chef hat mich auf meine Hemden angesprochen, die er geradezu profihaft gebügelt findet.«

Auch nicht schlecht ist die Muttersöhnchen-Masche. Er ist ein verwöhnter Prinz, der keinen Handschlag im Haushalt tun mußte und zu tun gedenkt. Dafür weiß er seiner Mutter, besonders im Beisein seiner Partnerin, ewigen Dank. In der Prinzenrolle ist er zudem eines Beistands gewiß: des mütterlichen. Aus rational nicht erklärbaren Gründen eifern Frauen solchen Müttern nur allzugern nach, erziehen sogar ihrerseits wiederum die eigenen Söhne zu Muttersöhnen und machen sie oft genug für jede Hausarbeit untauglich.

Einem Muttersöhnchen die Prinzenrolle abzugewöhnen, ist nicht leicht. Man kann ihn ja nicht an die Wand werfen, damit er zu Frosch greift und die Kloschüssel scheuert. Macht er absolut nichts, bleibt manchmal nichts anderes übrig als die Schocktherapie, die Thea unten für Unverbesserliche vorschlägt. Und wenn er dann wieder ins mütterliche Reich zurückkehrt? Haben Sie an Ihrem Prinzen auch nicht viel verloren. Sagen Sie sich einfach: »Macht ja nichts. Macht ja auch weniger Dreck.«

Lassen Sie Vorsicht walten, wenn Sie Masche fünf – Ehrgeiz wecken – ausprobieren. Hier kommt es sehr auf das

Wie an, damit der Schuß vor den Bug nicht nach hinten raus geht. Studieren Sie dazu auch im folgenden Abschnitt die Maschen, vor denen man sich hüten soll. Wecken Sie Ehrgeiz mit Vergleichen. »Keine andere Frau kann dies oder jenes so gut wie du«, hören alle Frauen gern. Aber wundern Sie sich nicht, wenn Ihre Partnerin rot vor Wut wird, wenn Sie sich Silvester statt Fondue Karpfen blau wie bei Muttern wünschen und Urteile wie »Bei Mutter schmeckte das irgendwie besser« vom Stapel lassen.

Selbstverständlich fahren Männer darauf ab, wenn Sie flöten: »Du bist so stark und groß, du kommst besser an die Fenster oben dran.« Auch: »Dein Freund Peter ist ein richtiger Schlappschwanz, der kann nicht einmal den Grill sauberhalten.« Aber hüten Sie sich vor Aussprüchen wie »Vater hat das immer mit der Zange gemacht«, wenn er mit der Schere die Schraube hinreindreht. Dann wird er zurückzucken und sagen: »Laß das deinen Vater machen.«

Wer auf einer dieser Maschen reitet, sollte eins beachten: Bloß die Masche nicht überstrapazieren, niemals ausreizen. Maschen wechseln, wie das Unterhend, damit man Ihnen nicht so leicht auf die Schliche kommt.

Wir können es Ihnen auch gar nicht genug ans unwirsche Hauswirtschaftssherz legen und wiederholen uns deshalb: Es gibt Maschen, vor denen sollten Sie sich hüten, weil sie leicht ins Gegenteil umschlagen können. Wer meckert und kritisiert, wird den Beweis antreten müssen, daß sie oder er es besser kann. Wer »das bißchen Haushalt« abwertet, muß damit rechnen, daß sie eines Tages unseren Ratschlägen und Tips vertraut, sie ausprobiert und mit völlig faulen Haushaltsstrategien aufwartet.

Theas spezieller Frauentip: Wenn Sie Perfektionismus auf Ihre Lappen und Laken schreiben, setzen Sie sich nicht nur selbst unter Erfolgszwang, Sie werden auch schnell von anderen unter Erfolgszwang gesetzt. Läuft bei Ihnen alles wie am Schnürchen, werden Sie leicht zur Marionette, deren Schnüre andere ziehen. Deshalb: Seien Sie einfach weniger perfekt. Lassen Sie auch einmal fünfe gerade sein.

Weil der Statistik nach trotz aller männlichen Helfer bei der Hausarbeit – das Wort helfen sollte uns schon stutzig machen, weil es die Hausarbeit den Frauen als eigentliche Aufgabe zuschreibt –, trotz aller weichgespülten Softis und mit Weichspüler hantierenden Hausmänner die meiste Hausarbeit an Frauen hängenbleibt, hält Thea auf die Frage »Wie kriegt frau den Mann ran an die Hausarbeit?« drei Antworten bereit:

Erstens – durch klare männliche Sprechweise. Wenn Sie ihn zu einer Arbeit auffordern wollen, sagen Sie deutlich, was Sie wollen und was er tun soll. Also: »Bring den Mülleimer runter.« Oder: »Bügel meine Blusen.« Leider neigen Frauen zu jener indirekten Sprechweise, die nichts einbringt. Sagen Sie: »Der Mülleimer müßte runtergebracht werden« oder »Meine Blusen sind ganz knautschig«, mag das zwar stimmen, heißt aber noch lange nicht, daß er derjenige sein sollte, der den Müll entsorgt oder die Falten glättet.

Zweitens – durch Rollentausch mit allen Konsequenzen. Soll er doch ruhig einmal kochen, waschen, bügeln, einkaufen und die Kinder versorgen. Fordern Sie ihn für zwei, drei Tage dazu heraus. Werfen Sie ihm ruhig den Grillhandschuh hin. Ganz finnig: Legen Sie den Rollen-

tausch so fest, daß der Putztag dabei ist. Oder die große Wäsche.
Drittens – mit Schocktherapie. Allerdings ist das vielleicht nichts für Frauen mit schwachen Nerven. Oder sollte erst dann durchgeführt werden, wenn Sie vieles aus unserem Buch verinnerlicht haben. Sehr zu empfehlen für den Typ Hausbiene. Landen seine schmutzigen Socken auf dem Boden, nicht im Wäschekorb? Liegenlassen. Holt er keine Kohlen aus dem Keller? Muß er frieren. Schneidet er das Fleisch nicht? Muß er am Knochen nagen.

(D)ein Einstieg für den Ausstieg

Gar nicht erst anfangen – bis zum Ende durchhalten.

Wenn nicht nur der Postmann, sondern auch die Putzfrau zweimal in der Woche klingelt, kommen Sie um einen großen Teil der Hausarbeit herum. Allerdings nur, wenn Sie der richtige Typ fürs Delegieren sind, können Sie sich an mehr Freizeit delektieren. Wenn Sie sich die wöchentliche Reinigung schon etwas kosten lassen, dann soll es Ihnen wenigstens etwas einbringen.
Als Dolcefarniente-Typ oder Resis Tante haben Sie sicher keine Schwierigkeiten, dienstbare Geister als allein zuständig für Sauberkeit von Böden und Scheiben zu erklären. Sie werden keine Vorschläge machen, wie und was geputzt und geschrubbt werden soll. Das überlassen Sie gelassen der putzenden Hilfe. Sie werden auch nicht auf die Idee kommen, zu kontrollieren, ob auf dem Bilder-

rahmen staubgewischt oder unter dem Schrank gesaugt wurde. Sie atmen staubbefreit auf und genießen den Espresso und das Schwätzchen mit Ihrer Perle, in der Pause, die sie Ihrer Meinung nach verdient hat und die Sie großzügig bemessen.

Eine fromme Magd von gutem Stand
Geht ihrer Frauen fein zur Hand,
Hält Schüssel, Tisch und Teller weiß
Zu ihrem und der Frauen Preis.

(Des Knaben Wunderhorn: Die fromme Magd)

Auch der Lässi-Typ und seine saisonlöwische oder huschiwuschische Variante werden ihre Perlen nicht vor die Sauberkeit und die Säue werfen. Sie nehmen es lässig hin, wenn hier und da der Reinlichkeit auch einmal sehr oberflächlich Genüge getan wird. Ihnen genügt, daß sie nicht selbst wischen müssen.

Übrigens ganz im Gegensatz zur Blanken Grete, die auch mittels Putzhilfe nicht den reinen Blick vom Boden läßt, so wie der Blanke Hans durch die putzende Perle nicht zum Hanns-Guck-in-die-Luft mutiert.

Hat aber der Test ergeben, daß Sie zu den Hausbienen gehören? Haben Sie unsere Vorschläge und Tips bisher nur wenig gelassener gemacht? Dann sollten Sie vielleicht noch einmal von Kapitel 4 an lesen. Denn dann ist Vorsicht geboten. Sie neigen dazu, der helfenden Reinigungsfachfrau oder dem heinzelmännlichen Fensterputzer nicht nur Anweisungen zu geben, sondern selbst Hand anzulegen: »Ja, wir putzen Seit an Seit!«

Trotzdem sind Hausbienen noch besser dran als Putzteufel. Die nämlich sind wie der Teufel hinter der Putzfrau her und – viel schlimmer – wischen und saugen, polieren und scheuern hinterher, wenn die Putzfrau längst Feierabend macht. Ihnen bleibt leider nichts anderes übrig, als gründliches Studium unseres Buches und vor allem das Immunisierungstraining in Kapitel 13.

Haushaltsschecks für Putzfrauen.
Haben Sie das schon gecheckt?

13 Putzmunter statt munter putzen: das Immunisierungsprogramm

Menschen mit intaktem Immunsystem sind putzmunter – eine Tatsache. Das Immunsystem sorgt dafür, daß krankmachende Eindringlinge – Viren, Bakterien, Pilze – uns nichts anhaben können. Mikrophagen und Makrophagen, B-Lymphozyten und T-Lymphozyten halten sie in Schach oder machen ihnen den Garaus. Ist das Immunsystem gestört, kommt es zu Krankheiten.

Menschen, die munter putzen, haben kein intaktes Immunsystem. Die Symptome sind eindeutig: Sie haben eindeutig zu viele Werbespots inhaliert und sind durch reinkulturelle Sozialisation infiziert. Stehen Sie als Blanke Grete unter dem zwanghaften Druck nach reinster Reinheit? Als Besserwischi in dem Glauben, von Hausarbeit verstehen Sie selbst am meisten? Neigen Sie zu übermäßigem Perfektionismus wie die Putzig-Perfectis? Machen Sie Ihrem Partner, den Kindern und sich als Putzteufel das Leben schon auf Erden zur Hölle? Dann müssen Sie sich darüber klarwerden, daß Ihr Immunsystem nicht mehr intakt ist. Es funktioniert nicht mehr so, wie es sollte und wie es von Natur aus vorgesehen ist. Ihnen das aber bewußt zu machen und Ihnen zu helfen, Ihr übermäßiges Bedürfnis nach Sauberkeit und Ihre Putzwut als Krankheit zu begreifen, ist gar nicht so leicht. Erziehung und Sozialisation in der Reinkultur haben dazu beigetragen, Ihnen

langsam, aber sicher die Lust an Staub und Schmutz auszutreiben und Ihnen den kranken Zustand als gesunden einzureden. Sie fühlen sich gar nicht krank. Sie glauben auch nicht, daß Ihr Wunsch, alles hübsch sauber und aufgeräumt zu haben, Ihr dringendes Bedürfnis nach geregelten Mahlzeiten und gemachten Betten auf ein nicht funktionierendes Immunsystem zurückzuführen sind. Kurz, Sie glauben nicht, daß Sie krank sind.
Prüfen Sie deshalb selbst, wie es um Sie bestellt ist. Konnten Sie keinen Gefallen an unseren reinkulturellen Ausführungen finden? Erschienen Ihnen unsere faulen Ansichten häufig zu übertrieben? Haben Sie sich beim Lesen unseres Buches manchmal oder auch öfter geärgert? Finden Sie die Art, wie wir das Thema Hausarbeit angegangen sind, einfach degoutant? Ist Ihnen die Aufforderung, Schmutz und Dreck zu mögen, überhaupt peinlich? Fanden Sie die hausarbeitsparenden Tips absurd? Manche geradezu lächerlich und eine Zumutung? Andere empörend? Konnten Sie über das, was wir vorschlagen, nicht lachen? Hört für Sie, wo es um Sauberkeit geht, der Spaß auf?

Prüfen Sie sorgfältig! Haben Sie auch nur eine der Aussagen mit ja beantwortet? Beim Typ Putzig-Perfecti, Putzteufel, möglicherweise auch bei der Hausbiene, wird das der Fall sein. Dann ist das das sicherste Kriterium für eine Immunschwäche. Und es versteht sich von selbst, daß Sie endlich etwas für Ihre Gesundung tun müssen. Glauben Sie uns, es handelt sich um reine Staubneurosen, gegen die Sie als Hausbiene, Blanke Grete oder Blanker Hans und sogar als Putzteufel angehen können. Befreien Sie sich von dem kulturbedingten Sauberkeitswahn. Bekämpfen

Sie als Putzig-Perfecta und Besserwischa diese irregeleitete fraulichsaubere Selbstüberschätzung. Gehen Sie als Blanker Hans oder Besserwischi gegen den männlichen Ordnungsfanatismus ebenso wie gegen die Läuterungssehnsucht in sich an.
Mit unserem Immunisierungsprogramm lernen Sie Schritt für Schritt den faulen Umgang mit sauberen Sprüchen und Ansprüchen.
Sind Sie aber mehr der Lässi- oder Huschiwuschi-Typ, der auf Hausarbeit gern verzichtet und dem es auf blinkende Böden und blitzende Scheiben nicht so ankommt? Dann finden Sie in unserem Immunisierungsprogramm Vorschläge, wie Sie Ihr haushälterisches Immunsystem weiterhin stabil halten und zusätzlich stärken, um vielleicht eines schönen Putztages das Dolcefarniente zu erreichen.

So werden Sie immun gegen saubere Sprüche und Ansprüche

Sauber, sauber, was da an Glanz und Reinheit in Werbung und Reklame auf uns niederprasselt. Gar nicht so leicht, sich den sauberen Sprüchen und Ansprüchen zu entziehen. Die Werbestrategen wissen schon, daß sie nicht an unseren Verstand, sondern an unser Gefühl appellieren müssen, damit wir zum Putzmittel greifen. Werbung schaltet den Verstand aus. Waschmittelreklame, unverändert spießig auf Frauen als blondes Dummchen setzend wie in den fünfziger Jahren, übrigens im besonderen. Werbung zielt auf unser Gefühl, auf unser Unbewußtes. Mit Raffinesse und fundierter Psychologie auf jene tieferen Schichten unserer Psyche, die auf Nimbus und Mana aus sind, sich nach Selbstbestätigung, Größe und Anerkennung sehnen.

Das strahlend weiße Hemd, das leuchtend bunte T-Shirt versprechen Ihnen jenen Nimbus, der Sie aus der Masse der Schmuddeligen herausheben wird. Der Sie zum tollen Hecht, zur tollen heißen Tussi werden läßt. Der Sie überhaupt zum reineren Menschen macht. Zum begehrten Menschen, der reiner ist als alle anderen. Und reiner – wird suggeriert – bedeutet auch besser. Und wer wäre nicht gern ein besserer Mensch? Frauen wie Männer sind dafür gleichermaßen anfällig. Ja, auch Männer, weiß Torsten, der in diversen Männerbünden einschlägige Erfahrungen mit stufenweiser Veredlung und Läuterung bis zu höchst glänzend goldenem Status gemacht hat.

Dagegen setzen wir im ersten Schritt andere Akzente:

Wir nehmen den Satz »Wer etwas putzt, macht immer etwas schmutzig« ernst und verhindern Umweltverschmutzung: Unsere Umwelt ist sauber, ohne Wasch-, Bleich- und Putzmittel, die sie belasten. »Wenn's wirklich rein sein soll«, greifen Sie nicht zu Megaperlen oder milder Bleiche, auf daß »strahlend rein bleibt alles«. Sondern Sie waschen und wischen weniger, weil die Umwelt die Grenzen ihrer Belastbarkeit erreicht hat. Da geht nichts mehr rein. Wir setzen uns ab gegen alle Sauberfrauen und Saubermänner im weißesten Hemd oder weißester Weste, mit und ohne Persilschein in der Tasche, die Kippen aus dem Autoaschenbecher einfach auf den Parkplatz, die Wohnstraße oder den Waldweg kippen. Die haufenweise Fusseln vom Teppich saugen, die ihren Fiffi aber in Nachbars Garten seinen Haufen machen lassen.

Als Lässi-Typ suchen Sie Ihr Heil vielleicht nicht in der Hausarbeit. Sie lesen die Bibel und stärken sich gegen unlautere Ansprüche der Fernsehwerbung mit Jesaja 29,7: »So wird zum Traum, zum nächtlichen Gesicht die Menge aller Heidenvölker, die Ariel bekämpfen.«

Als Huschiwuschi-Typ recken Sie weiter das Kinn in die Luft und sagen sich: »Ich bin doch nicht von allen guten Geistern verlassen!«

Damit rechnen aber die Werbestrategen, und ihre Werbestrategien wissen genau, was sie tun, wenn sie an die Frau als Mutter appellieren, ihr weismachen wollen, daß nur Supermutter ist, wer für saubere Wäsche sorgt. Da steht die blonde Mutter mit Kleinkind auf dem Arm vorm Schrank mit der säuberlich gestapelten Wäsche und bekennt: »Mein Leben hat sich verändert mit der Kleinen, meine Ansprüche an Reinheit auch.« Eine andere Mutti-Blondine will für ihren »Schatz nur das Beste«. Und das Beste ist nicht Liebe, Zuwendung, Lachen mit dem und Anerkennung für das Kind. Sondern ein Waschmittel, Chemieprodukt, austauschbar und möglicherweise allergieträchtig.

Larifari. Von dem Lara-Kind der Werbung wird schon als kleines Mädchen nicht Verstand, sondern nur das Hübschsein verlangt. Und die Werbemutter gesteht: »Plötzlich willst du nur noch, daß deine Lara die Schönste ist und landest bei ...« der großen Wäsche mit einem besonders reinwaschenden Waschmittel.

Von solchen Ansprüchen waschen wir uns und unsere Kinder ab sofort rein. Wir setzen die Jüngsten weniger oft vor den Fernseher und spielen statt dessen mit ihnen auf der Wiese, auf der weiße Riesen sonst die Wäsche flattern lassen. Ob Fußball oder Federball – Sie erkennen schnell, daß »die große Herausforderung« nicht in der Riesenwaschkraft der Perlen liegt. Werfen Sie diese Megaperlen ruhig vor die Säue. Und den blitzenden, staubsaugenden, Reinheit vorspiegelnden Saphir Jet gleich hinterher. Wappnen Sie sich gegen saubere Werbestrategien.

Ihre Nachbarin bewerten Sie nicht nach dem Glanz ihrer Gläser. Selbst wenn sie schon etwas verkalkt ist, Sie haben damit kein Problem. Weil Sie wissen, daß Sie selbst einmal älter werden. Und weil Sie genau wissen, daß man nie wissen kann, ob man nicht selbst im Alter Kalk ansetzt, werden Sie für Ihre Nachbarn nicht zur moralischen, glasklaren Instanz. Sie trinken lieber einmal mit ihnen ein Gläschen.

So festigen Sie Ihre lasche Einstellung zu Staub und Schmutz

Lassen Sie uns endlich die Sprache wieder auf den richtigen Begriff bringen: Ja, viele Deutsche sind peinlich sauber. Und das ist ganz schön peinlich. Wer will schon sein ein reinlich Volk von Brüdern?

Reinheitsgebot beim Bier, nicht in Bad und Küche!

Wenn der Staub Schichten bildet, wird es Ihnen vielleicht in den Fingern zucken, diese Schichten zu vernichten. Staub kränkt Ihren Sinn für Sauberkeit, sicheres Zeichen für ein angekränkeltes Immunsystem. Auch unverbildeten

Kindern zuckt es in den Fingern. Sie malen in den Staub Herzen und Fratzen, auf dreckige Autos und schmutzige Scheiben Schweine und Schwerter. Stören Sie ihre Kreativität nicht. Die Kinder befinden sich in guter und würdiger Tradition. Auch Archimedes hat seine Figuren in den Staub gemalt. Und als der Soldat ihn fragte, was er da tue, bloß gesagt: »Störe meine Kreise nicht!«
Na gut, der Soldat mit seinen Vorstellungen von Ordnung und Sauberkeit hat Archimedes umgebracht. Das wird Ihnen nicht passieren. Das werden Sie den Kindern kaum antun.
In der Reinkultur hängen die Menschen an Besen und Lappen, an Wischmopp und Scheuermilch, tun sich besonders mit Staub und Schmutz schwer. Dabei – und wir wiederholen es auch zum x-ten Mal – gehören Staub und Schmutz zu unserem Leben, sind höchstens wegzuwischen, nicht einfach wegzudiskutieren. Natürlich können Sie im Zimmer eine Sonnenbrille aufsetzen – eine Möglichkeit, die gar nicht so schlecht ist. Die Ihnen die Flecken und Flusen verdunkelt. Statt zu scheuern, können Sie auch Scheuklappen tragen. Einen Scheuklappentrick der besonderen Art finden Sie unten, wo es um dicke Felle und Gefälligkeiten geht. Werden Ihre ungeputzten Fenster, Ihr blumenloser Balkon in der Nachbarschaft spruchreif, könnten Sie natürlich statt eines Blumenkranzes an der Haustür ein Schild aufhängen: »Jeder fege vor seiner Tür.« Doch aus Erfahrung können wir Ihnen sagen: Der Erfolg ist gleich Null. Haben Sie von sauberen Ansprüchen der Nachbarschaft die Nase voll, hier einige erprobte Tips.
Stecken Nachbarn die Köpfe zusammen? Wetzen sie sich an Ihrem nicht glänzenden Entree, dem ungefegten Gar-

tenzaun, den staubgrauen Außensimsen, Ihrem blumenwiesigen Vorgarten die Zungen? Was tun?
Zuerst ist zu fragen, müssen Sie überhaupt etwas tun? Einmal ganz ehrlich: Was macht das schon? Stellen Sie sich einfach vor, daß das Ihre Form der Selbstveredelung ist. Die Nachbarn haben bei ihrem tratschigen Trachten soviel Freude wie Sie, wenn Sie neuerdings, statt italienisch zu kochen, in der Zeit, die das Pizza-Taxi braucht, Italienisch lernen. Oder wenn Sie, statt den Gartenzaun abzuledern, Freude an Ihren Blumen haben. Stehen Sie zu Ihren staubigen Zonen. Schließlich sind Sie untätig aus Überzeugung. Seien Sie selbstbewußt!
Ganz falsch ist es, irritiert oder gar geniert zu sein. Das zeigt eigentlich nur, daß Sie noch nicht genügend gefestigt und immunisiert sind. Sie sollten eine der Psycho-Methoden unten für Ihre faulen Zwecke nutzen. Lassen Sie sich bloß nicht durch Gerede, durch Klatsch verbiestern. Verbessern Sie statt dessen die nachbarschaftliche Atmosphäre. Wer nicht mehr selbst schuld an Hausarbeitsfrust ist, dem sollte das leichter fallen. Grüßen Sie freundlich, winken Sie freundlich. Lächeln Sie. Seien Sie hilfsbereit.
Und wenn Nachbarn in Ihrem Beisein über Hausarbeit sprechen? Ganz einfach. Geben Sie dem Gespräch eine andere Wendung. Mit dem Thriller, den Sie in der Hand halten. Mit dem Goldfisch, den Sie nicht mehr füttern müssen, weil Ihr Teich im ökologischen Gleichgewicht ist. Weniger Selbstbewußte können notfalls so mitreden, als hätten sie schon alles erledigt, was einen sauberen Haushalt ausmacht: gesaugt, gebohnert, gewischt, poliert.
Mit den folgenden Psycho-Methoden kommen Sie schneller in die Hängematte. Oder wohin auch immer Sie wollen.

Autosuggestion hilft Ihnen, über Staubschichten leichter hinwegzusehen und sich darüber hinwegzusetzen. Was die Psychologie zur Kräftigung des Ego empfiehlt, ist allemal auch fürs Immunsystem nützlich. Formelhafte Vorsätze nennt man die prägnanten Kurzsätze, mit denen man sich – ein Ziel vor Augen – selbst etwas suggeriert. Sie sollten das angestrebte Ziel stets positiv ansprechen, niemals negativ. Also: »Ich liebe Staub« statt »Ich hasse Staub.«

Im einem ersten Schritt sagen Sie sich morgens, mittags und abends vor dem Spiegel: »Ich toleriere Staub.«

Das führen Sie so lange durch, bis es Ihnen angesichts der feinen Zweitagestaubschicht nicht mehr in den Fingern zuckt. Wenn es Ihnen gelingt, die weniger feine Dreitagestaubschicht auf dem Fernseher oder dem Couchtisch zu übersehen, ohne daß Ihre Hände das Staubtuch zücken, haben Sie schon einen Erfolg erzielt. Dafür sollten Sie sich belohnen, mit einem neuen Pullover, einem Discobesuch.

Jetzt ist der Zeitpunkt gekommen, an dem Sie den formelhaften Vorsatz der Autosuggestion in »Staub ist schön« ändern sollten. Geschafft haben Sie es, wenn Sie nicht mehr wissen, wo der Staublappen liegt, und ihn erst suchen müssen.

Schmutz?
Machen Sie sich einen Dreck draus!

Gespannt dürfen Sie auch auf die Erfolge sein, die Sie mit autogenem Training erreichen. Eine Methode, die auf Entspannung setzt. Sie konzentrieren sich auf Schwere und Wärme in Armen und Beinen, auf Ihr Sonnengeflecht. Und schon bald spüren Sie, wie Sie von Hausarbeit befreit Ihr sonniges Gemüt wiederbekommen. Autogenes Training arbeitet wie Autosuggestion mit formelhaften Vorsätzen. Können Sie sich mit »Ich bin ganz ruhig und gelassen« vor Schmerzen beim Zahnarzt schützen, wieviel mehr erst mit »Ich bleibe ganz ruhig und gelassen« vor überflüssigen Handgriffen.

Gehören Sie endlich zu den Menschen, die die Hausarbeit dicke haben, empfehlen wir ein paar Übungen in Dickfelligkeit. Wichtig ist dabei, daß Sie die Stufungen einhalten. Nur so sichern Sie sich auf Dauer den Erfolg.

Bittet Sie jemand um eine Gefälligkeit bei der Hausarbeit, reagieren Sie dickfellig. Versuchen Sie die Bitte zu überhören. Reagieren Sie in der ersten Woche erst nach zwei Bitten, in der zweiten nach dreien, in der dritten nach vieren und in der vierten überhaupt nicht mehr.

Cogito, ergo sum – behauptete René Descartes. Kein schlechter Philosophentip. Auch bei der Hausarbeit anzuwenden, nach dem Motto *Ich halte den Schwamm in der Hand, also helfe ich.* Ob Sie tatsächlich damit scheuern, steht auf einem ganz anderen Blatt. Aber ist das nicht mit dem Denken genauso?

Wenn Sie schon helfen müssen, dann auch nicht schlecht der Scheuklappentrick: Sie konzentrieren sich aufs Beckenscheuern und wehren jede weitere Hilfeleistung ab mit den Worten: »Aber du siehst doch, daß ich das Becken sauber mache.« So tricksen Sie den anderen leicht aus.

Wenn Sie die Poliermilch nicht mehr dick auftragen, sich mit blanken Fenstern nicht mehr dicke tun, waren Sie erfolgreich. Meßbar und sichtbar wird der Erfolg dadurch, daß Poliermilch, Waschmittel lange reichen.

Beginnen Sie Ihr psychologisches Immunisierungsprogramm mit der Hausarbeit, für die Sie am anfälligsten sind. Können Sie Ihre Finger nicht vom Kochtopf lassen oder vom Bügeleisen, fangen Sie dabei an, formelhafte Vorsätze zu formulieren: »Fastfood ist gesund«, »Tütensuppen sind besser als selbstgekocht«, »Knautschlook ist schick«, »Niemanden plattmachen« und so weiter. Das fällt Ihnen sicher nicht schwer. Auch wenn die Scheuklappenmethode Ihnen Probleme macht, hilft die Psychologie. Wandeln Sie die Psychomethoden einfach ab.

Zum Schluß noch ein paar ganz raffinierte Selbstaustrickser, mit denen Thea und Torsten Ergebnisse erzielen, die ans Wunderbare grenzen. Fangen Sie den spannenden Thriller am Abend vor dem Putztag an. Sie werden weiterlesen wollen und Staub Staub sein lassen. Planen Sie für den Putztag einen verlockenden Ausflug. Lassen Sie die Handwerker kommen. Legen Sie sich wichtige Termine auf den Putztag.

Diese Art von Verdrängung führt nicht zu psychischen Schmutzschäden. Ganz im Gegenteil! Zu reinem Wohlbefinden.

Morgen, morgen, nur nicht heute, sagen alle faulen Leute – zu Recht!

Nur Sie selbst können prüfen, ob Sie auf dem richtigen Weg sind, immun zu werden gegen scheele Blicke und nachbarschaftliche Zwänge. Doch das allein ist nicht das Ziel. Wer immer strebend sich bemüht, den wollen wir von Hausarbeit erlösen. Und wenn Sie gefestigt sind und die Übungen mit linker Hand bewältigen, dürfen Sie einen

Schritt weitergehen. Sie hängen ein Schild auf, für die Nachbarn, für die Schwiegermutter, wenn Besuch kommt:

Jeder fege vor meiner Tür.

Und droht wirklich einmal die Gefahr, daß Sie rückfällig werden? Denken Sie einfach an Conrads nebenan. Längst nicht so reinlich, längst nicht so peinlich sauber, aber was sind das für gesellige, unterhaltsame und kreative Typen.

14 Flausen im Kopf mit Flusen auf dem Teppich

Müßiggang ist aller Laster Anfang behaupten nur Misanthropen und Miesepeter. Oder absolute Herrscher wie Friedrich der Große, der das Nichtstun als »halben Tod« verdammte und dauerndes Schaffen und Tätigsein als »Leben« pries. Klar, um das Volk in den Griff zu kriegen, muß man es beschäftigen. Brot und Spiele. Damit es nicht auf dumme Gedanken kommt. Freiheit fordert oder Selbstbestimmung. Demokratie womöglich. Oder noch mehr Mitbestimmung. Und etwa Kritik anmeldet. Eins steht fest, Untertanengeist findet man nicht bei denen, die scheinbar untätig herumsitzen und kreativ ihren Geist schweifen lassen. Über Ist- und Seinszustände nachdenken. Über Vergangenheit und Zukunft. Gerechtigkeit und Ungerechtigkeit. Wer also die stumpfen Befolger will, beschäftigt und sozialisiert mit solchen Sprichwörtern. Läßt sie vor lauter Hausarbeit nicht zur Besinnung kommen. Treibt sie zum Schrubben und Scheuern, zum Wischen und Waschen, Polieren und Plätten. Glanzleistungen eben. Die den emanzipierten, denkenden, ideenreichen und kritischen Menschen verhindern.

Müßiggang ist aller Lüste und Leistung Anfang.

Lassen Sie den Staub Staub sein und das Staubtuch fallen. Knausern Sie mit Ihrem Leben. Verschwenden Sie es nicht wie Putzmittel – einer besseren Lebensqualität und Umwelt wegen. Sparen Sie allein fünf Minuten Hausarbeit täglich ein, bringt Ihnen das schon tagelangen Lustgewinn. Was wir in Kapitel 4 rechnerisch angedeutet haben, möchten wir jetzt mit Ihnen noch einmal genauer durchgehen. Bei einem durchschnittlichen Leben von 70 Jahren – und so alt möchten wir doch alle werden – können Sie viel Zeit gewinnen, wenn Sie keine Zeit mit Putzen verlieren. Gehen wir davon aus, daß Sie die ersten 20 Jahre ungeschoren und ungescheuert davonkommen, sieht die Rechnung folgendermaßen aus. Rechnen Sie nach, wenn Sie uns nicht glauben:

Gesparte Hausarbeit	*Gesparte Lebenszeit*					
	Nach 25 Jahren Hausarbeit mit 45 Jahren			**Nach 50 Jahren Hausarbeit mit 70 Jahren**		
Minuten	**Stunden**	**Tage**	**Jahre**	**Stunden**	**Tage**	**Jahre**
1	152	6	304	13		
5	760	32	1521	63		
30	4563	190	9125	380	1,04	
60	9125	380	1,04	18 250	760	2,08
120	18 250	760	2,08	36 500	1521	4,16
180	27 375	1141	3,13	54 750	2281	6,25

Ob sechs Tage oder sechs Jahre – stellen Sie sich bloß einmal vor, was Sie in dieser Zeit statt dessen tun könnten:

schlafen oder schlaraffisch träumen, eine Weltreise oder Sex machen, Bücher oder Vogelspuren im Schnee lesen, in Discos oder auf dem Vulkan tanzen, im Männerbund die Stufenleiter der Veredelung erklimmen oder zu höchst glänzenden beruflichen Spitzenpositionen aufsteigen. Ganz nach Lust und Laune als Schwester oder Bruder Lustig Ihr Leben nicht nur mit Vorsicht, sondern in vollen Zügen genießen.

Ja, wir scheuen uns nicht, einem gewissen Hedonismus (vom griech. *hedone* = Lust) das Wort zu reden. Genießer Aristippos, Schüler und Freund des Sokrates, erklärte die Genußfähigkeit zur Tugend und pries als höchstes Gut: die heitere Gemütsverfassung.

Wie Flederwisch und Bürste sie regiert!
Glas und Gerät, es blitzt nur alles so
und lacht und lebt! Nur, ach, sie selber nicht!

(Theodor Storm: Engel-Ehe)

Unserer Meinung und Erfahrung nach ist ein heiteres Gemüt durch Hausarbeit nicht zu gewinnen. Und selbst, wenn uns jetzt vereinzelte Hausarbeitshedoniker widersprechen: »Aber ich mache Hausarbeit gern. Ich wische und wasche, ich putze und poliere, ich koche und brate gern«, müssen wir ihnen entgegenhalten: In Aristippos' Sinne gilt als tugendhafter Mensch, wer nicht jedem aufsteigenden Gelüst blindlings nachgibt. Wer also Lust spürt, sich dem Reinlichkeitswahn zu beugen, sollte sich zu beherrschen wissen.

In ganz staubschwachen Stunden sinniert Thea manchmal darüber, ob Männer das Putzen erfunden haben, damit

Frauen nicht auf dumme Gedanken kommen (die so dumm gar nicht sind). Hat die phantastische Idee, daß Frauen sich lieber um die Flusen auf dem Teppich kümmern sollten, doch schon immer in Männerköpfen gespukt. Wird man uns auch heute noch entgegenhalten: Mit diesem Buch setzen Sie, die Autoren, den Frauen (weniger den Männern, aber man kann nie wissen) bloß Flausen in den Kopf.

Flausen im Kopf – nehmen wir das lose Fadenende ruhig auf. Davor schrecken wir nicht zurück. Heißt es nicht *Wo es flaust und braust, da laß dich ruhig nieder?* Flausen, ob als dummer oder nicht ernstzunehmender Einfall, das ist immer eine Frage von Interpretation und Bewertung, von Macht und Einfluß. Die Zeiten, in denen man Mädchen und Frauen das Bücherlesen als unnötige Flausen im Kopf verwehren wollte, sind vorbei – zum Glück. Dagegen hielt und hält man es durchaus für nötig, daß sie sich mit herumfliegenden Wollflocken, Flausen eben, beschäftigen.

Je nachdem, wer interpretiert und bewertet, werden die unterschiedlichen Verwendungsmöglichkeiten für durch Verweigerungsstrategien gewonnene Zeit positives oder negatives Echo finden. Bei Ihnen, bei anderen. Sie können die hausarbeitsfreie Zeit für den Beruf nutzen, für Bildung, Sie können Radio hören, träumen, lesen. Gar nichts tun.

Spinnen wir den Faden ruhig fort. Nicht nur oberflächlich betrachtet haben Flausen und Flusen eins gemeinsam: Ihnen ist mit dem Staubsauger beizukommen. Wer täglich saugt, lebt fussel-, leider aber auch flausenfrei. Deshalb: Flust der Teppich noch sosehr, Sie lassen Flausch flusig sein und endlich den Flausen in Ihrem Kopf freien Lauf.

Verfolgen wir den flausigen Faden ruhig noch weiter zurück, bis in die Kindheit. Hatten wir nicht alle als Kinder den Kopf voller Flausen? Kinderträume und Wunschvorstellungen, die wir uns wahr wünschten? Zaubern zu können wie Harry Potter oder beim *Krieg der Sterne* mitzumischen. Pianistin oder Sänger zu werden. Lokführer oder intergalaktische Pilotin zu sein. Sind uns nicht diese Flausen allzu schnell ausgetrieben worden, durch Schule und Sozialisation? Obwohl sie ein wesentlicher Teil der Kindheit sind, des kindlichen Lebens kreativster Aspekt? Daß sie uns ausgetrieben wurden, ist auch ein Verlust an Lebensqualität. Und jetzt, wo wir als Erwachsene endlich die Möglichkeit hätten, Kinderträume wahr werden zu lassen, haben wir keine Zeit dafür. Weil wir die Flusen vom Teppich saugen, uns die Flausen endgültig aus dem Kopf schlagen müssen.

Gerade beruflich schwer beschäftigte und engagierte Frauen und Männer sagen häufig: »Wenn ich erst im Ruhestand bin, dann züchte ich Orchideen – fahre ich nach Timbuktu – lese ich alle Karl-May-Bände noch einmal.« – »Dann genieße ich endlich in Ruhe meinen Garten. Oder die Enkel.« – »Dann lerne ich Drachenfliegen oder fahre Rollerblades.« – »Dann habe ich endlich Zeit dafür.« So lange warten Sie nicht. Und auch nicht, bis »Papa ante portas« den Haushalt organisieren will.

Sie schieben nicht auf morgen oder den Lebensabend, was Ihnen auch heute Spaß und Lebensfreude bringen könnte. Alle Vorschläge, die wir nun bringen, müssen Sie nicht notwendig befolgen. Es sind Anregungen, die helfen sollen. Was Sie tun oder lassen, ist letztlich Ihre Entscheidung.

Ob Putzig-Perfecti oder Putzteufel, ob Besserwischi oder Blanke Grete, Blanker Hans – Sie lassen jetzt den Hausarbeitsstreß hinter sich und gehen Ihr Leben einfach ruhiger an. Strecken die Glieder und legen sich nieder wie die Raubkatzen in Schillers Ballade »Der Handschuh«. Legen pro Tag wenigstens eine Stunde Nachdenken ein. Lassen sich Erinnerungen oder Gefühle durch den Kopf gehen.

Bettenmachen, Aufräumen, Putzen? Das müssen Sie vergessen. Statt dessen frönen Sie Ihrem Hobby, was auch immer das sein mag – es sei denn, Sie haben Hausarbeit als Hobby erkoren.

Sie kochen nicht aufwendig italienisch, sondern lernen Italienisch und handeln sich die Bewunderung der Italiener und vielleicht beim nächsten Urlaubstrip auch die Ihres Partners ein.

Ungeachtet des Grauschleiers auf Tisch und Teppich stehen Sie täglich auf dem flausigen Teppich eine halbe Stunde kopf. Zwecks Selbstfindung. Und weil das die Durchblutung der kleinen grauen Zellen anregt.

Oder Sie lassen sich einfach einmal den Staub aus dem Hirn blasen und den Wind um die Nase. Streifen durch die Umgebung und erleben sie. Bäume und Häuser, Wald und Architektur, Tiere und Menschen. Besonders Hausbienen sehr zu empfehlen.

Sie kümmern sich jetzt um Ihr berufliches Fortkommen. Arbeiten die Stapel Fachzeitschriften, die sich angesammelt haben, auf und durch. Besuchen weiterführende Lehrgänge. Informieren sich über Internet und CD-ROM.

Sie wollen mehr als das? Ihr Ehrgeiz geht auf mehr als eine bunte Jacke? Statt polieren lieber politisch werden? Ihre Energie statt auf den eigenen Haushalt auf den Staatshaushalt verschwenden? Warum nicht? Tun Sie, was Sie nicht lassen können. Und lassen Sie endlich, was Sie nicht tun sollten.

Bei wem körperliche Betätigung das höchste der Gefühle auslöst, der kann auch sportlich werden. Joggen oder auf dem Laufband Kilometer zurücklegen. Tanzen oder Radfahren, Trampolin oder Seilchen oder Bungee springen. Von uns aus bis zur Erschöpfung. Hauptsache, Sie landen hinterher in der Hängematte und nicht am Herd. Und wer sich trotz aller Bemühungen vorerst weiterhin dem Haushalt verpflichtet fühlt, braucht nicht zu verzagen. Beginnen Sie mit Haushaltssport:

Na klar können Sie fernsehen. Aber die Gefahr von erneuter Indoktrinierung ist groß. Wer laufend die Frage hört: »Wo ist die Kraft, die Frische schafft?«, dem geht es auch bald dreckig.
Am besten: Legen Sie sich nach dem Aufstehen einfach aufs Sofa. Da liest sich die Zeitung am besten.

Ein guter Mensch schläft meistens gern und lange.
(Mascha Kaléko: Langschläfers Morgenlied)

Ja aber – halt, wir kommen Ihren Einwänden gern zuvor. Es ist immer berechtigt, zu fragen: Was habe ich davon? Wenn wir schon den Faden als Fluse auf dem Teppich verlieren, müssen wir auch wissen, was die Flausen uns einbringen.

Generell gilt: Sie sind fit – körperlich wie geistig. Wenn Sie abends Lust auf Disco oder Diskussionen haben. Wenn Sie allein oder mit Freunden etwas unternehmen. Wenn Besuch oder die Nachbarin Sie überraschen. Wenn Kinder oder Kunden Sie fordern. Wenn Mann oder Partner abends nach Hause kommt. Und selbst die Hausbienen werden feststellen müssen, daß sie mit der Nachbarin auch ein Schwätzchen halten können, wenn sie nicht aus dem Fenster hängen, um den Außensims zu wischen.

Generationsgünstig gilt: Wer Flausen im Kopf hat, ist gegenüber Träumen und Wünschen der eigenen Kinder toleranter. Vorsichtiger in Sachen Sozialisation. Nehmen wir den Faden ruhig wieder auf. Wer Flusen auf dem Teppich toleriert, der treibt nicht so schnell und leichtherzig Flausen aus Kinderköpfen.

Ganz persönlich gilt: Sie werden sehen und erleben, daß durch Flausen Selbstbewußtsein und Selbstwertgefühl ungemein steigen. Sie Lebensqualität gewinnen. Auf einmal können Sie über andere Dinge als Weichspüler und porentiefe Reinheit, über Hausarbeitsfrust und Freude an weißen Gardinen sprechen. Gehörten Sie bisher zu den Menschen, denen in Gesellschaft anderer das Wort im saubergewaschenen Halse steckenblieb, die nichts zu sagen hatten – jetzt wird das anders. Small talk ist für Sie kein Problem mehr. Weil Sie täglich etwas erleben, nachdenken, Ihren Geist benutzen, statt stumpfsinnig zu putzen.

Euch ist der Mensch erst Mensch,
wenn er sich plagt!
Ich muß gestehn, daß mir das nicht behagt.

(Bertolt Brecht)

Moment! Vielleicht fehlt Ihnen ja etwas, wenn Sie alle Tips in diesem Buch befolgen? Sie plötzlich viel weniger im Haushalt zu tun haben? Vielleicht vermissen Sie sogar das wöchentliche Fensterpolieren, das tägliche Staubputzen, das Bettenmachen und Ordnungschaffen? Vielleicht geben Sie nach den ersten mißglückten Versuchen gleich auf, weil Sie weiter schuld sein wollen?
Halt! Sie sind wirklich als Haushaltsmuffel ein absoluter Versager? Es ist Ihnen unmöglich, aus Ihrer Hausbienenhaut zu schlüpfen? Die Blanke Grete, der Blanke Hans – sie stecken tief drinnen in Ihnen wie die Putzteufel in ihrer Putzteufelhölle? Für Sie, die wir Sie so gern aus diesem Laufrad von Schmutz und Sauberkeit befreien möchten, aber wohl nicht können, hier ein Tip: Wie wäre es, wenn Sie sich bei einer Agentur wie Die Erlediger melden? Oder selbst eine solche Agentur aufmachen – für Leute wie uns? Sie könnten weiter Böden schrubben, Staub wischen und saugen, schmutzige Teller und Tassen spülen. Herdplatten und Klobecken scheuern. Wie gewohnt und wie es Ihnen offenbar in Fleisch und Blut übergegangen ist, aber Sie bekämen es wenigstens bezahlt. Und mit dem Haushaltsscheck tun Sie sogar etwas für Ihre Rente.

Es tanzt der Pi-Pa-Putze-Mann
in unserm Haus herum.

15 So putzen Sie saubere Ideologien herunter

Ideologien sind gefährlich. Vor ihnen wie vor denen, die sie vertreten und verbreiten, sollten wir auf der Hut sein. Häufig genug wird überfahren, wer sich nicht überzeugen läßt. Die Reinlichkeitsideologien verstecken den eigenen Schmutz gern unter weißen Westen. Oder dem Persilschein. Geben vor, den Karren aus dem Dreck zu ziehen, indem sie andere durch denselben ziehen und mit demselben bewerfen. Sie übertünchen die eigenen finsteren Absichten, geben als sauber getrennt aus, was Mischmasch ist. Da, wo es um Reinlichkeit geht, wird es besonders peinlich. Weil sich Zusammenhänge offenbaren, die viele lieber im Dunkeln ließen. Da, wo es um Ordnung und Sauberkeit, um Putzen und andere Hausarbeit geht, sind es in der patriarchalen Reinkultur vor allem zwei Ideologien, die sich miteinander vermischen – die Idee der reinen Rasse und die Idee des ungleich sauberen Geschlechts.

Reiner als Schnee: Goldmarie

Auch, wo nur es um Hausarbeit geht, ist die Geschlechterideologie schlecht für Frauen. Bringt ihnen mehr Nachteile als Vorteile. In der Reinkultur – wie Sie schon im ersten

Kapitel gelesen haben – ist das Hauswesen unauflöslich verknüpft mit der reinlichen, auch sexuell reinen, peinlich sauberen Hausfrau. Auch wenn manche Frauen und Männer rein gar nichts von den verschlungenen Gedankengängen begreifen, die Frauen zwingen, reinen Tisch und reine Wirtschaft zu machen, es wird Zeit, daß wir ihnen reinen Wein einschenken. Denn wo Reinheit sich mit Sexus paart, da sind die Frauen schnell genarrt. Geraten zwischen die Fronten von reinen Jungfrauen und Huren, von sexuellen Wünschen und doppelbödiger Moral, von Sauberkeit und Schmutz, sind sie »von Natur aus« zuständig für saubere Böden und moralische Sauberkeit im Haus. Männerphantasien.

Kein Mann ist frei davon. Und große Dichter schon gar nicht. Literatur hilft der Zementierung dieser phantastischen, jahrhundertealten männlichen Vorurteile und patriarchalen Ideologien. Abwasch und sauberes Geschirr signalisieren ja nicht nur, daß die Frau den Haushalt reinlich hält, nein, auch sich selbst, vor allem sexuell. Nicht umsonst ist die Hure in der ursprünglichen Bedeutung die, die aus dem Haus geht. Spricht Bertolt Brecht im Zusammenhang mit der Hure vom gesprungenen Topf und schmutzigen Rinnsalen. Vermischtem eben.

Und da halten Männer sich heraus. Und weil sie nur sauber sortiert denken und leben können und weil es auch so bequem ist, mischen sie bei der Hausarbeit gar nicht erst mit und sind auch da fein heraus.

Die patriarchale Reinkultur mit ihrer sauberen Gesinnung und ihrem Horror vor Schmutz (und Frauen) verinnerlichen wir. Reine Männerphantasien werden zum freudschen Über-Ich, das Frauen wenig Freude, dafür aber den

Feudel einbringt. Und das alles dank Erziehung und Sozialisation, die mit raffinierten psychischen Fußfesseln stärker einbinden als früher die Stoffbandagen die chinesischen Frauenfüße. Das wird schon Kindern mit der Muttermilch und der Vatermacht eingeimpft und untergejubelt. Das kommt im Schlager daher oder veropert. Und Frauen schmelzen dahin, wenn der Operettenheld singt: »Saug hier, mein Lieb, saug da, dann ist das Glück dir nah.«

Schluß damit, sagt Thea. Was Frauen brauchen, sind Frauen, die aus dem Haus gehen oder in die Hängematte. Nicht Frauen, die sklavisch der Reinheitsindoktrination folgen. Einverstanden, sagt Torsten, der sich von patriarchalen Ideologien schon so weit emanzipiert hat, daß ihm die Frau, die aus dem Haus geht, nicht automatisch gegen den Strich geht.

Heute kann man Frauen nicht mehr einreden, daß das Heimchen am Herd den Mann fesseln kann; sie wissen, daß er sich – ihrer eigenen sauberen Ausstrahlung zum Trotz – heimlich und lieber in den Netzen der Femme fatale verfängt. Daß er Meister Proper als Konkurrenten nicht fürchtet. Daß er letztlich Frauen vorzieht, die mehr als saubere Laken im Kopf haben.

Heute haben Frauen eigene Wünsche und Vorstellungen von und Lust auf Weltgestaltung. Haben eingesehen, daß die Gestaltung des Kindergeburtstags oder das Arrangement der Sofakissen weniger Stellenwert und Nutzwert haben als das Gestalten von Rentengesetzen oder Abgasnormen. Die dann, der männlichen Zuständigkeit überlassen, oft zu Lasten der Frauen gehen. Kaum allerdings hatten Frauen begonnen, mitzudenken und mitzugestalten, mußte Mann sich etwas anderes einfallen lassen, um sie in ihrem Hortus conclusus zu halten. Neue Frauenfallen, oft so raffiniert begründet und eloquent vorgetragen, daß Frauen sich immer wieder und allzu gern fangen lassen.

Hauptsache, die Luft ist sauber.

Drei dieser Fallen sind offenbar besonders geeignet, Frauen die Hausarbeit schmackhaft wie ein Linsengericht zu machen, für das sie ihre Seele und Verantwortung verraten und verkaufen. Vorsicht also, wenn man Ihnen, liebe Leserin, ideologische Psychofallen – und von denen gibt es mehr als diese drei – aufstellt. Tappen Sie nicht hinein.

Besonders blind sind Frauen für die Frau-an-seiner-Seite-Falle, die an ihren Ehrgeiz appelliert, ihnen schmeichelt und so unausrottbar scheint wie Brennesseln im Garten.

Ob Grimmsche Märchen oder Hausfrauenmythen, alle sagen sie dasselbe: Die Frau sei »umsichtige Haushälterin«, »Goldmarie« eben, die dem Mann den Rücken für die Karriere frei zu halten hat. Eine wirklich unausrottbare Devise, zuletzt noch von der bundesrepublikanischen First Lady in einem Interview geäußert. Eine sinnvolle Devise, behauptet Torsten. Für Männer!, hält Thea dagegen, und meint im übrigen, von einer Hauswirtschaftslehrerin sei nichts anderes zu erwarten. Zudem – diesem logischen Schluß muß sich auch Torsten beugen – vergessen Frauen leider, daß Männer, denen sie den Rücken freihalten, ihnen immer den Rücken zukehren.

Andere First Ladys bieten sich eher als Vorbild an. Und an die sollten Frauen sich halten, meint Thea. Sie arbeiten mit Verweigerungsstrategien, die ihnen erhebliche hausarbeitsfreie Zeit – auch für die eigene Karriere – einbringen. Daß Hillary Clinton sich im Weißen Haus dem Plätzchenbacken verweigerte, haben Sie schon in Kapitel 5 gelesen und sich hoffentlich genüßlich mitsamt der gekauften Plätzchen auf der Zunge zergehen lassen. Doch die Geschichte der Verweigerung reicht noch viel weiter zurück. Als James K. Polk von 1845 bis 1849 Präsident der Vereinigten Staaten war, sagte Sarah Polk, sie werde als First Lady »weder Betten noch Butter machen«. Schürze ab!

Mit diesem Vorbild im Visier befreien Sie sich so mit Leichtigkeit aus dieser Falle: Sie putzen nicht. Sie stärken ihm nicht die Hemden und den Rücken. Sie puschen nicht den Ehrgeiz Ihres Partners, sondern den eigenen. Qualifizieren Sie sich beruflich. Machen Sie Karriere. Selbst auf die Gefahr hin, daß Sie der Herzinfarkt erwischt. Für die selteneren Fälle des Mannes-an-ihrer-Seite gilt umgekehrt für Sie, lieber Leser, selbstverständlich und natürlich dasselbe.

Ideologisch verbrämt wird Mutterverherrlichung und Muttersein zur zweiten Falle, aus der Frauen sich schlecht oder kaum befreien können. Dabei ist sie gar nicht so alt, wie wir oft denken. Stammt in der festgefügten Art aus dem 19. Jahrhundert. Die Idee, daß Kinder zu ihrem seelischen Glück ausschließlich der Mutter bedürfen und daß ausschließlich die Mutter für die Entfaltung von Selbst- und Ich-Bewußtsein zuständig ist, haben Psychoanalytiker entdeckt, denen die eigene Mutter offenbar schwer zu schaffen gemacht hat. Trotz aller psychisch notwendigen Freudschen Triangelung scheint der abwesende Vater fürs Kind durchaus verkraftbar, nicht aber die abwesende Mutter. Ist die Mutter für die seelische Gesundheit der Kinder entscheidend. Sicher, wir wünschen sie uns, die Mutter, die Geschichten erzählt statt Geschichten macht, wenn das Kind mit schmutzigen Hosen oder Schuhen nach Hause kommt. Die Mutter, die sich Zeit für die Kinder, nicht nur für den Abwasch nimmt. Die lieber berufstätig ist und auf Fastfood setzt, statt sie mit üppigen Aufläufen und kargen Antworten abzuspeisen. Die in knapp bemessener Freizeit mit ihnen bastelt, statt das Badezimmer zu wienern.

Aber wir kennen sie auch, nicht wahr? Die unter Hausarbeitsfrust stöhnende Mutter, die ihren Frust an den Kindern ausläßt. Oder die Mutter, der der saubere Wäscheberg dichter am Herzen liegt, als die Kinder vorm Fernseher sitzen. Die den Kindern eins drüber gibt, wenn sie ein Drüber und Drunter veranstalten. Aus ihrem geordneten Kosmos ein Chaos machen. Wir kennen selbst die im kompensierenden Putzwahn befangene Mutter.

Also werden Sie nicht zum Hausdrachen. Nach dem Motto: *In gärend Drachenblut hast du die Scheuermilch der frommen Denkart mir gewandelt.* Nein, Sie sind doch nicht bescheuert. Sie lassen sich als Mutter weder an der reinen mütterlichen Ehre noch an der reinen Liebe packen. Klinisch sauber macht auch krank. Gönnen Sie Ihrem Dreckspatz ein intaktes Immunsystem, die Lust am Schmutz und ein gesundes Körpergefühl. Auf daß sie oder er das Immunisierungsprogramm von Kapitel 13 nie nötig haben wird.

Dem männlichen Einfallsreichtum sind keine Grenzen gesetzt. Er läßt sich etwas einfallen, um Frauen die Hausarbeit zu erleichtern. Sie von der Hausarbeit zu befreien. Und schon ist die dritte Falle aufgestellt. Die High-Tech-Falle ist nach unseren Beobachtungen die neueste Version. Natürlich sollten wir Jointlys und vor allem Singles beiderlei Geschlechts dankbar für die Errungenschaften der Technik sein. Die Waschmaschine wäscht die Wäsche seit den sechziger Jahren, die Spülmaschine das Geschirr seit den siebziger Jahren, die Mikrowelle kocht das Süppchen seit den achtziger Jahren. Dankbarkeit dafür ist angebracht. Und im Zeitalter der Singles gilt das für Frauen wie Männer. Ja, gegen die neuen technischen Heinzelmännchen nicht nur in Köln wäre im Prinzip nichts einzuwenden. Wenn wir sie in dem Maße einsetzten, wie früher Wäsche gewaschen, der Teller gespült und das Süppchen gekocht wurde.

Genau das aber ist nicht der Fall. Vorsicht, Falle! Was Geräte Frauen an Arbeit ersparen, kommt durch die Hintertür wieder herein. Weil wir an Sauberkeit größere Ansprüche stellen. Nicht nur der Partner jeden Tag nach dem reinen Oberhemd, nach der sauberen Unterwäsche schreit, sondern auch der Sohn nach dem täglichen sauberen T-Shirt. Bei diesem Schrei nach täglicher Wäschesauberkeit seien Männer die schlimmsten, behauptet übrigens die britische Wissenschaftlerin Catherine Cronin, die auf dem Edinburgher Science-Festival die These aufstellte, die Befreiung der Frau von der Hausarbeit habe trotz High-Tech nicht stattgefunden. Die modernen Haushaltsgeräte hätten zwar die Arbeit als solche reduziert, nicht aber den Zeitaufwand. Geht es nicht in die gleiche Richtung, was wir schon in Kapitel 7 moniert haben, wenn sie sagt: »Küche und Waschküche sind fast ständig in Betrieb.« Recht hat sie. Was die Technik uns an Arbeit und Zeit erspart, verschwendet unser Anspruchsdenken wieder. Besonders anfällig für diese Falle sind der Hausbiene-

Typ, alle Putzig-Perfectis und jede Blanke Grete oder jeder Blanke Hans. Sie sollten auf jeden Fall das Immunisierungstraining von Kapitel 13 mehrmals durchziehen.
Vorsicht! Vorsicht! rät Torsten allen Männern. Denn die High-Tech-Falle kann auch über ihnen zuschnappen. Bei übergroßen Ansprüchen an saubere Wäsche, an glasklare Gläser, an schnelle Suppen und manchmal auch an schnelle Nummern.

So säuberlich wie das Silberbesteck in der Schublade oder die Gewürzgläschen im Regal hätten manche auch gern die Völker und Rassen, die Menschen sortiert. Hier die Deutschen in das weiße Gläschen, die Tamilen in das dunkelbraune. Die Türken in das hellbraune. Den schwarzen Amerikaner. Ja, wohin tun wir bloß den? Oder den schwarzen Deutschen? Bloß keine Vermischung. Kein Durcheinander der Rassen. Reinheit, Reinheit über alles. Da lassen manche die Gleichheit und Brüderlichkeit doch gern wie Krümel untern Tisch fallen.
Sauber sortiert heißt auch aussortiert. Wie Linsen aus der Asche. Die Guten, und das sind immer wir, ins Töpfchen, die schlechten – ja, wohin? Auf jeden Fall weg damit. Raus aus deutschen Landen. Dafür machen sich politische Verquerdenker und ausländerfeindliche Schlägertypen stark. Gott sei Dank – eine Minderheit, die hier die sauberen Lösungen für Minderheiten parat hat. Übrigens auch für Frauen, die gegen vermeintlich drohende Beschmutzung und Vermischung in der Weise beschützt werden, daß sie nicht mehr aus dem Haus gehen dürfen.
Von der »schmutzigen« Rassenmischung zur »sauberen« Nestbeschmutzung ist es oft nur ein kurzer Weg. Da wird

Deutschland nicht ins rechte Licht gerückt. Sondern in der rechten Szene nicht nur von Böhsen Tanten und Onkelz die Bereitschaft, bis zum Tod für die »Sauberkeit« des Landes zu einzutreten, beschworen und besungen: »Wir müssen kämpfen für unsere Rasse, deutsches Volk, beweise deine Klasse.« Störkraft, die aggressiv diskriminiert und zu Gewaltbereitschaft verführt.

Vermischung ist – so will man uns glauben machen – ein unerträglicher Zustand, und deshalb glauben sie sich zuständig für Reinheit, das saubere Land. Wie der Politiker, der im Zusammenhang mit der Asylrechtsdebatte auf die saubere Pauke haut: »Es scheint ein unerträglicher Zustand, wenn für die Reinheit des Bieres und die Zusammensetzung von Majonäsen einheitliche Vorschriften mühsam ausgehandelt oder gar eingeklagt wurden, während auf diesem fundamentalen Gebiet des Asylrechts die Disharmonien größer geworden sind.«

Glauben Sie bloß nicht, das habe mit Hausarbeit und sauberen Haushalten nichts zu tun. An Ordnung und Reinheit scheiden sich die Geister. Da fordert ein Leserbriefschreiber als Saubermann, daß Asylbewerber und Aussiedler doch wenigstens Schmutz und Dreck im eigenen Wohncontainer beseitigen könnten. Und wiederholt nur, was ein anderer Politiker skandierte: »Ich halte es für einen Skandal, daß Asylbewerber heute noch nicht einmal bereit sind, für Ordnung in ihren eigenen Unterkünften zu sorgen.« Und Wissenschaftler scheuen sich nicht, dem Gruppenbewußtsein einer Ex-und-Hopp-Gesellschaft, der Reinkultur in ihren schwärzesten Farben das Wort zu reden. Plädieren für saubere Unterscheidungen zwischen uns und anderen, den Ausländern, den Fremden, den

Minderheiten: »Eine Gruppe, die gar keine Ausländerfeindlichkeit mehr hätte, also sich gar nicht mehr absetzen würde gegenüber Ausländern und Fremden, die hätte auch kein eigenes Gruppenbewußtsein mehr, keine eigene Kultur.«
Welch ein Skandal! Dagegen können wir etwas tun. Uns von sauberen Ideologien und selbsternannten Saubermännern distanzieren. Weniger putzen. Die pure Menschlichkeit höher halten als die reinen Handtücher und Schneewittchen. Nicht zuletzt können wir uns in der durch weniger Hausarbeit gewonnenen Freizeit über Probleme von Minderheiten informieren, nachdenken und sie zu verstehen suchen. Statt kreativ zu häkeln oder stricken, statt auf dem Ceranfeld mit integriertem Restwärmefühler zu kochen, können wir uns für eine integrative und integere Gesellschaft einsetzen. Statt Handarbeit – Kopfarbeit leisten.

Fisematentische Literatur

Hanneke van Veen/Rob van Eeden: *Knausern Sie sich reich*, mvg-verlag, Landsberg am Lech 1994

Harro von Senger: *Strategeme* Scherz Verlag, Bern München Wien 1996

Mut zur Faulheit, hrg. von Heinrich Mehrmann, Goldmann Verlag, München 1987